「悟り」は開けない

南 直哉
Minami Jikisai

ベスト新書
558

まえがき

坐禅指導などしていると、ときどき、妙に思いつめた人たちがやって来ることがあります。彼らの多くは、驚くほど多くの仏教書を読んでいて、「悟り」とか「解脱《げだつ》」ということに異常なくらいの関心を示すのです。

つまり、「坐禅して〝悟り〟を開こう」というわけです。また、そうすることが仏教だと頭から信じているのでしょう。

そういう彼らの持つ「悟り」のイメージは、まるで雷に直撃されるがごとき劇的な体験で、自分の何もかもが一変してしまうような強烈な境地に飛び込むようなものです（「大宇宙とひとつになる」とか「天裂け、地崩れるがごとき経験」とか……）。

坐禅は、その種の特殊な身体の状態をテクニカルにつくり出すことはできますが、それは仏教の「悟り」とはまるで関係なく、そもそも仏教のテーマではありません。

もし、特殊な体験の結果、この世のすべてがわかってしまうような出来事を「悟り」だと考えるなら、それは「妄想」というもので、それで「悟り」が開けるはずがありません。なぜなら、それは「悟り」の錯覚にすぎないからです。

仏教のテーマは、そんな浅はかな「悟り」ではありません。あるものの見方や考え方、そして生き方の提案なのです。言わば、その全体を「悟り」と称する、と受けとるべきでしょう。

では、それはどういうものなのか――。

私なりのアイデアを述べてみたのが、この本です。

南　直哉

「悟り」は開けない◎目次

Ⅱ　仏教へのアプローチ

第二章 「仏教」――基本のアイデア

第三章 「悟り」――それは「開けない」

第四章　「現代」――生きるテクニック

序章

「宗教」——何を問題にしているのか

人が「宗教」を求めるとき

今の世の中、教養や一般的知識として知りたいという需要とは別に、人が「宗教」を求めるとしたら、どういうケースがあるでしょうか。

すぐに思いつくのは、「初詣や合格祈願で神社仏閣に参拝する」とか「お葬式や法事をお坊さんにしてもらう」、あたりだろうと思います。

しかし、これは「宗教」というよりも「信心」、いやその意識さえ薄い「習俗」「慣習」レベルの話かもしれません。期待されているのは、「当たるも八卦《はっけ》、当たらぬも八卦」程度の〝現世利益〟か、「世間並み」の葬式・法事というところでしょう。私が今回お話ししようと思うのは、このレベルとは別の話です。

すると次に出てくるのは、もはや「自分」の力や「人間」の能力では解決のつかない苦しみや悩みから救ってほしい――、という〝願望〟です。おそらく、一般的に、あるいは普通にイメージする「宗教」が立ち現れてくるのは、この局面です。それはすなわち、「霊感商法」が跋扈《ばっこ》し始める局面とも言えます。いわく、「このお札《さつ》を買えば金運がつく」「先生の手が触れると病気が治る」「御祈祷《ごきとう》すれば縁談が来る」……。

昔から、「霊感商法」が市場としているような「宗教」にアプローチしてくる人の問題は、「貧」「病」「婚」だと言われていました。つまり、貧困や金銭トラブルの問題、病苦、それに結婚に代表されるような異性関係や、広く人間関係の縺《もつ》れや葛藤です。

近頃はこの3つに「老」が加わるかもしれません。老いが「貧」「病」「婚／困（人間関係の困難）」を招き寄せ、最終的に孤立に追い込んだとき、その苦しみは深刻でしょう。

ここで一言しておかなければならないのは、「貧」「病」「婚」「老」などから発する需要は、強度は違っても、要するに「現世利益」だということです。「現世利益」だからこそ、「商法」が可能なのです。

しかし、実を言えば、これらは「宗教」の問題ではありません。

だいたい、貧困は当人が稼げるかどうかにかかっていて、たとえば稼ぐ条件や環境を整備するのは政治や行政、企業の役目です。病気は治療と療養の問題です。人間関係のトラブルは、当事者が努力して改善する以外に解決の方法はありません。「老い」

の苦悩が貧困や健康問題、人間関係にあるのなら、当人や周辺の人々、さらに共同体が、それらを丁寧に取り除いていく手間をかけるしかないでしょう。

むろん、古代からこのような問題を扱う「現世利益」的テクノロジーがありました。たとえば、土着信仰としての「呪術」です（古代には「政治」と「医術」がそうした信仰体系の内部に位置づけられていた）。

今回、本書で私が考えようとしている「宗教」とは、このような「現世利益」的テクノロジーではありません。私がテーマにするのは、ブッダやキリストやマホメッドが創始した教え、「普遍宗教」と言われるような〝思想〟と〝実践〟の体系です。

彼ら3人、すなわちブッダやイエスやマホメッドは、その活動を開始したとき、貧困でも病気でも社会から孤立していたわけでも、老いに苦しんでいたわけでもありません。

ブッダは釈迦《しゃか》族の国の「王子」として生まれ、「大変優しく育てられた」と述懐していたくらいです。

イエスも「大工の息子」とされていますが、当時の「大工」は技術者として重宝されていたでしょうから、貧困に喘《あえ》いでいたとも思えません。実際、聖書にそんな記述はありません。

マホメッドにいたってはメッカの大商人の家の出身です。

すなわち、彼らがそれまでの生活を一変させたのは、現世利益とは無関係なのです。

「焦っている」から「強い不安」、そして「居場所がない」へ

では、バブル崩壊以降の日本で、オウム真理教事件をはじめ、様々な宗教の活動が善《よ》きにつけ悪《あ》しきにつけ世上で注目されたり取りざたされたりし、また昨今、仏教や瞑想《めいそう》がそれなりのブームとなっているのを見るとき、宗教にアクセスするこれら人々の需要は、単に「現世利益」にあるのでしょうか。もしそうでないなら、今の需要は、私の考える「普遍宗教」の問題設定にリンクしているのではないでしょうか。

私は今まで、老若男女、様々な人たちと話をする機会がありました。

バブルの頃、私の修行する道場にやって来た人たちは、何か「焦っている」ように見えました。とにかくどこかに早く行くために、より「強く」ならなければいけない

かのようでした。

バブルが崩壊してからは、「頭を空っぽにしたい」「本当の自分を見つけたい」と言う人が増えたように思いました。彼らには、何か静かだけれど、強い「不安」があるように、私には思えました。

ところが、21世紀も10年が過ぎ、象徴的には東日本大震災と福島原発事故（2011年）前後から、もはや「不安」というより、なんとなく人々が茫然としている感じがするのです。ときどき聞くのは「居場所がない」という言い方です。

大きな会社に勤めて、家庭的にも恵まれていそうな人がそう言う。「寄る辺《べ》がない」「何も頼りにならない」と訴えた初老の男性もいました。

そうです。我々は今や、バブルの頃までは持っていたであろう、漠然とした「安心感」、人や社会に対する「信頼感」を失っているのです。

最近私が出会った20歳代の人々は、ほとんどが非正規社員かアルバイトの人でした。半年後の職が保証されていなかった人も少なくありません。しかも、「非正規」であるのは、努力不足や能力不足、つまり「自己責任」で片づかないケースがたくさんあるのです。

たとえば、幼児期の虐待などで、本来頼りとなるべき家族との関係に致命的なダメージを負っていたら、人生のスタートラインに自ら立つ力さえ失われてしまうでしょう。

「自己決定」と「自己責任」が強調され、「自由競争」こそ社会の道理だという主張が声高《こわだか》になれば、重病の人、高齢の人、障害のある人、それを介護する人の立場は、次第に切り詰められ、追い詰められていきます。

このダメージは、どう考えても「自己決定」や「自己責任」の埒外《らちがい》でしょう。そうだとすると、「苦しい」人たちの思いは、「どうして自分はこうなんだろう?」「どんなに努力してもダメなのは、なぜだろう?」という絶望的な問いとなるのではないでしょうか。

これには、自分自身も他の誰も答えられません。「なぜ自分だけこうなんだろう?」は、しばしば「なぜ自分は生きているのだろう?」となり、最後に「そもそも自分は何なんだろう?」という問いにまで至ります。

近代以前の社会は、いわゆる「ムラ社会」と呼ばれる地縁血縁共同体が各自に「役割」を与え、近代以後は基本的には会社が与える役割、つまり「職業」が「自分は誰か」を決めていました。近代社会で「無職」が強い警戒心を呼び起こすのは、それが「正体不明」と同義語だからです。

「自分が誰か」を規定するものを「アイデンティティ」と言うなら、家族を信頼できず、職業が不安定な人のアイデンティティは、今どうやって安定させたらよいのでしょう。

「出家したい」という気持ち

最近、私は初めて性同一障害の人と会いました。20代の彼は元女性で、「思春期になるにつれ、どうしても女性の身体が嫌で、性転換を決意した」と言うのです。

今はアルバイトをしながら、最終的な手術の資金を蓄えているそうですが、複雑だなぁと思ったのは、性転換して「男性」になっても、性的な指向は「男性」だと言うのです。つまり、性転換者のゲイというわけです。思うに、マイノリティ中のマイノリティではないでしょうか。今は、男性のパートナーと一緒に住んでいて、それなりに落ち着いて生活していると言います。で、この彼が私に「出家したい」と打ち明けるのです。

あるいは、中学校で「引きこもり」になって以来、まともに世間に出ていないという40歳くらいの男性。この人は、インターネット上にショップを開設して、色々な中古品を売買していたら、それなりに儲かって、生活できるようになってしまったんだそうです。すると、もう「準引きこもり生活」を止める必要もなくなります。

私は、それはそれで結構ではないかと思ったのですが、どういうわけか彼も「出家したい」と言い出すのです。

このような人たちは、これまで私が出会った「出家志願者」とタイプが違います。今まで多かったのは、「定年退職・余生型」と「頭でっかち・理想型」です。

前者は要するに定年退職でアイデンティティの危機に陥った者が、なんとなく関心のあった仏教に接近して、職業の「代替」や老後の「生きがい」を出家に求めるタイプです。後者は山ほど仏教書を読んだり坐禅したりしていて、自分の頭の中に「理想の仏教」をつくり上げ、そこに飛び込もうとするタイプです。

彼らは要するに「ユートピア」を求めるタイプで、「出家」というより「家出」に近い。それが証拠に、「出家」してから何をテーマに僧侶として生きるのかを、ほとんどまったく考えていません。

したがって、「業界」の現実を具体的に説明すると、「それは自分には無理だ」と言い出すか、「そんなのは本当の仏教ではない」と怒り出して、沙汰《さた》やみになるのがほとんどでした。

しかしながら、最近遭遇した出家希望者にしばしば見られるのは、「定年退職型」「頭でっかち型」志願者の〝ユートピア願望〟とは質の違う態度です。

もちろん、彼らも現状に不満で、どこかに行きたいという意味では「ユートピア」的願望を持つのでしょうが、私が感じるのは「ユートピア」を求める不満の底に横たわる「居場所のなさ」「寄る辺なさ」、言い換えると、輪郭のはっきりしない「なんとなく不安な感じ」です。

「定年退職型」「頭でっかち型」には、妙な思い込みはあっても、この種の「居場所のなさ」や「なんとなく不安」にとらわれている感じはなかったのです。

「なんとなく不安」──その正体を考える

先ほど紹介した「引きこもり」以外に、今まで私が多く会ってきたのは、「摂食《せっしょく》障害」や「リストカット」に苦しむ若者、さらに精神的な不調が過呼吸や対人恐怖の症状に出る人たちです。そして、彼らの話を聞いていると、十中八九、最後に出てくるのは、親子関係から被ったダメージなのです（そうでなければ、小・中学校での猛烈な「いじめ」）。

このとき、彼らはそのダメージをはっきり自覚していない場合が少なくありません。その代わり、身体症状に現れるほど濃度の高い「居場所のなさ」や「なんとなく不安」を問わず語りに漏らすのです。

このことは、他人（「親」）から身体を与えられ、名前を与えられ、生物的かつ社会的実存としての「自己」を開始する時点でのダメージが、いかに大きな影響を与えるかを如実に物語っています。

ということは、目に見える症状にまで現れなくても、人は誰でも「自己」を「自己決定」や「自己責任」で開始しない以上、自覚の有無にかかわらず、実存の初めから「居場所のなさ」と「なんとなく不安」に深く強く浸透されているのではないでしょうか。つまり、「居場所のなさ」とは、我々の実存自体が、そもそもの最初からまるごと不安であるという意味なのです。

私が言いたいのは、まさにこの「居場所のなさ」と「なんとなく不安」こそが、「現世利益」のテクノロジーではない「宗教」が根源的に問題とすることなのだ、ということです。

それは具体的にどういうことか——。

次章（第一章）でそれを、私は自分自身のケースをサンプルにして説明しようと思います。そこでの説明は、結果として、私が数ある「宗教」の中で、他でもない〝仏教〟にコミットした理由を明らかにするでしょう。

第一章

「自己」——仏教からの問い

Ⅰ　仏教は何を問題としているのか

幼少期、「死」について考え続けた日々……

私が自分の最も古い記憶だと思っているのは、「呼吸困難で視界が真っ赤になる」というものです。私はアレルギー性の小児ぜんそくを患《わずら》っていたのです。

今でこそポピュラーな病気ですが、当時（昭和30年代半ば）、私の周りには小児ぜんそくの子供は一人もいませんでしたし、専門医もいませんでした。当初、近所の町医者にただの風邪だと言われ、発症してから1年くらい放っておかれて、ひどく悪化させてしまったのです。

ほとんど窒息状態に陥るような発作が1週間に1回、悪くすると3日に1回くらい起こる。呼吸が止まって目の前がバァーッと真っ赤になるような状態を繰り返すわけですからダメージは甚大です。通っていた幼稚園を辞めざるをえませんでしたし、小学校も通算すれば300日近く休んでいましたから、実質的には5年で卒業したようなものです。

3歳で発症したこの病気は11歳の秋に治癒《ちゆ》しましたが、自意識が目覚め、さらに昂進してくる時期に受けたこのダメージは、私にとっては深刻な影響を残しました。

中でも最も決定的だったのは、「死」についての異様にリアルな感覚でした。ほとんど日常的に襲ってくる窒息状態は、子供に何を考えさせるようになるか。

病気が辛いということはもちろんですが、もっと恐ろしかったのは、「このまま死んでしまうのでは?」ということでした。発作で目の前が真っ赤になる状態が続き、「これがもうちょっと続くと、ボクはどうなるんだろう?」と思う。それはつまり、「死」について考えていたということでしょう。

ただし、私がそのとき切実に考えていたのは、発作の先に「起こること」は何なのかということで、「起こった後のこと」ではありません。つまり、「死とは何か」を考えていたのであって、「死んだ後どうなるか」を知りたかったのではない、ということでした。

いつ「死」という言葉を覚えたのかわかりませんが、私にとって大問題だったのはあくまで「死」そのものだったのです。ところが、この問題を大人たちに持ち出してみると、例外なく「死んだ後どうなるか」という話になる。

よく出てきたのは「死んだら天の国に行く」とか、「死んだらお星さまになる」とか……。そうではなく、「死、そのものとは何か」「どういう理由でそれは起きるのか」という話を私は聞きたかったのに、誰も教えてくれませんでした。

そのうち私は、「みんな迷惑がっている。これはしたくない話、聞かれたくない話なんだ……」と気づきました。「死ぬ」話が「死んだら行くところ」の話になるのは、大人には答えられない、わからないからなのだと気がついたのです。それは、幼心には淡い、しかし浅くはない〝絶望〟でした――。

後年、私は、自分と似たような不安を持つ子供が、決して少なくないだろうということを知りました。

住職になって数年たった頃、私は4歳くらいの子供に、いきなりこう訊かれたのです。

「和尚《わしょう》さん、ボクはどうしてここにいるのですか?」

母親らしい女性が、少し離れたところで申し訳なさそうに笑っていました。

この子の問いはもちろん、「お母さんに連れて来られたからだよ」と答えて終わる話ではありません。あとで母親に聞くと、彼は最近この問いを連発して、周りの大人をつくづく閉口させていたらしいのです。

私はほとんど即答で言いました。

「それはね、和尚さんも知りたくて仕方がないんだ。でもね、昔から偉い人が一生懸命考えてもわからないことなんだよ。だから、もしキミが大きくなってわかったら、和尚さんにいちばんに教えてくれよ」

——彼は私だったのです。

「死」そのものは誰にもわからない

「それなら自分一人で考えるしかない」と、私は小学生ながら色々思いをめぐらせました。ところが、自分であろうと誰であろう、「死」は決してわからないことだと、骨の髄まで叩き込むように教えてくれた事件がありました。

それは、祖父の死です。10歳のとき、祖父はガンでなくなりました。

父親から祖父は余命いくばくもないと聞かされたとき、私は瞬間的に思いました。

「そうか！　死を見られるんだ‼」

ところが、祖父は私が学校に行っている間に逝《い》ってしまい、いちばん見たかった死の瞬間を見ることはできませんでした。ただ、急いで帰ってきて祖父の遺体に対面したとき、私は「ああ、これは見てもダメだ」と、一目で理解しました。

「〝死〟と〝死体〟は違う！　他人が死ぬ瞬間を見たとしても、それはただの物体の変化で、〝死〟ではない。見ても何もわからない。これはたぶん、頭が良いとか悪いとかではない。大人だろうが子供だろうが、〝死〟が何であるかは絶対にわからないんだ……」

「死は絶対にわからないもの」という、いわば私の最初の「悟り」は、私を強烈な不安に陥れました。正体も理由も一切わからない何者かが、いつかどこかで、突然自分を襲う。生きている以上、生きている条件として、それはある。この絶対的な「わけのわからなさ」が、私に呪いのように取り憑《つ》いてしまったのです。

時に「わからなさ」は考えることを強《し》います。中学生になって言葉数が増えてくると、妙なアイデアが次々と湧いてくる。「死」は生きている「先」ではなく、「中」にある。生きていると、いつか「死」が膨張して爆発する。ならば、生きていることは死につつあるのと同じだ——。

こういうことを考える中学生にとって、なにより切なかったのは、この手の話が誰にも通じないことです。大人に言っても通じない話を、同級生に言っても通じないでしょう。

当時は「孤独」という言葉はまだ知りませんでしたが、私は深い孤独を感じながら生きていたのだと思います。

中学時代の切ない思い出

この種のことを考え続けていると、思春期あたりで調子が狂ってきます。中学生くらいになると、好きな女の子ができて気を引きたくなるものです。

あるとき、中学生が自殺したというニュースがクラスで話題になりました。昭和40年代のことで、おそらく世間で大いに話題になっていたのでしょう。

女子のグループがその自殺の話をしていて、私が好意を持っていた女の子が「自殺するって勇気があると思う」と言うのを聞いたのです。

思春期の男というのは、基本的に馬鹿なものです。どんな話題であれ好きな女の子が他の男のことを褒めるとカッとなる。私もご多分に漏れず、瞬間的にこう口走ってしまいました。

「そいつは、ただの馬鹿だ！　だって、死ねば楽になるなんて、なんでわかるんだ。閻魔《えんま》様は、自殺した人間にそれまでとまったく変わらない『この世地獄』を用意するかもしれない。そうなったら、自殺なんてまるで無意味だ！」

そう言った瞬間、サーッと空気が引いていくのがわかりました。そして一瞬の間があり、その女の子がたった一言「南くんって気持ちわる～い」……。

中学生の言い草ならば、普通だったら「自殺したら地獄に落ちるんだぞ！」あたりが適当でしょう。ところが私は、自殺しても何も変わらないことを心配していたのです。あの当時の私は、やはりある特異な生き辛さを感じていたのだと思います。

この話は中学1年生のときです。「ボクは何かおかしいのではないか……」と、初めて意識したことを覚えています。

ちょうどその頃、もうひとつの大問題が屹立《きつりつ》してきました。これは、「死」のことを考えているうちに、ほとんど論理的に出現してきました。

いずれ、わけのわからない死が勃発する身の上だが、「では、そういう自分の始まりはどうなのか？」「それはわかる話なのか？」「生まれてきた理由があるのか？」――。

直観的に、これは「死」の問題と同じだとわかりました。「絶対にわからない」と。すでに生まれてきてしまったものが、後からいくら理由を考えても、その正しさを証明する方法がない。ということは、自分の「終わり」も「始まり」も原理的かつ絶対的に不明である以上、自分の存在には根拠が欠けているとしか言いようがない――。
後に私を緊縛し続ける「問い」は、このとき露《あら》わになったのです。

仏教との出合い

「病膏肓《やまいこうこう》に入《い》る」という言葉がありますが、ここまで「問い」が重症化すると、他人に話せないのではなく、話す気がなくなります。「こんなことを考えているのは自分だけだろう」――、そう諦めて、学校ではただ目の前の人間関係や出来事をこなしていました。

その一方で、諦めきれない私は「問い」の解決を求めて、本を乱読し始めたのです。しかし、未熟な頭が大きすぎる問題を抱えたまま、その頭に理解できる限りの本を読んだところで、「答え」が見つかるわけがありません。

そのうち「いよいよ本当に頭がおかしくなるかも……」と思い始めた中学3年生の春、始業式のあとで配られた教科書のなかの『平家物語』の一文を見たのです。

祇園精舎《ぎおんしょうじゃ》の鐘の声、諸行無常《しょぎょうむじょう》の響きあり。

「諸行無常」――。この一文を読んだとたん、「俺の言いたいことはこれだ！」と思いました。詳しい意味はわかりません。そのあとの文章を読んでも何が書いてあるかはわかりません。そもそもそれが仏教の言葉だということもわかっていませんでした。それでも、自分が切なく考え続けている問題のド真ン中を射抜く言葉だということは、瞬時にわかりました。

家に帰って百科事典を引き、初めてそれが仏教の言葉、ブッダの教えだということがわかりました。しかし、百科事典を読んでも他の書物を読んでも、ブッダが何を言いたいのかは全然わからない。

仏教の根本的な教えと書いてあるけれど、私からしてみれば自分の不安な気持ちを言い当てているだけで、それをどうしてくれるという話ではない。問題を明確にした言葉ではあっても、解決を示す言葉ではないと思いました。

ですが、当時の私にはそれだけでも十分でした。「深い意味はわからないけれど、これを言った人がいる以上、私と同じようなことを考えた人間がこの世にとにかく一人はいたんだ」。私は、「独りじゃなかった」――。

私にとっての「救済」という言葉の意味は、今でもこの「独りじゃなかった」ということなのです。

なぜ「キリスト教」ではダメだったのか

かくして、私は仏教の言葉と出会いました。しかし、その言葉は、私の抱えている問題を正確に捉えているだけで、解決に導くものではありませんでした。

「死」が何かわからず、自分に存在の根拠がないこと、それが私にとっての「無常」という言葉の意味でした。

それに対して「無常」の反対、すなわち「常であること」とは変化しないこと、それを自分に当て嵌《は》めれば、生と死を超えるということです。するとそれは、「常に同じである自分」を意味するでしょう。

ということは、「常に同じである自分」を支える何ものかがあるなら、それが「自分が自分であること」の根拠になるはずです。「無常」とは、まさにその「根拠」の否定なのです。面白い話であるわけがありません。

「何かないか。いや、あるはずだろう」——。そう思わざるをえない私は、高校生になったあたりから、ギリギリの背伸びしながら、哲学書・思想書の類に体当たりするようになりました。

しかし、これらの本は私の一番知りたいことに決してストレートに答えてはくれませんでした。むしろ肝心なところの一歩前くらいで寸止めしていて、どこかに最後の結論を投げている。

私はそういう本を読むうちに、どうやら欧米系の思想は、一番際どいところを「キリスト教」に投げているのではないかと感づきました。

考えてみれば、〝唯一絶対〟の創造神の存在を前提にすれば、この世の全存在について「根拠」の問題は解決するはずです。漠然とそう考えた私は、ものは試しと思って、クリスチャンだった祖母に頼んで、教会に通いだしたのです。

結論から言うと、これはダメでした。「天にましますが神」がまともに信じられなかったからでありません。私は「原罪」というアイデアを受け容れられなかったのです。私が切ない問題を長いこと抱えてきたのは、見ず知らずの男と女が大昔、絶対に正しい神に逆らった「罪」のせいだと言われたら、それはあまりに理不尽というものでしょう。

救世主への信仰によって、この身に覚えのない「罪」を償うなら、「神」に赦《ゆる》されて天国に行く――。私にはこのストーリーは無理筋でした。

道元禅師『正法眼蔵』の一節

再び哲学関係本に復帰して、なんとか「神」を代替する「根拠」めいたものがないかと、血眼《ちまなこ》で探し始めたのですが、結局上手《うま》くいきませんでした。それもそのはずです。要するに、話が皆「絶対に正しい何か」の存在を前提に、それになんらかの方法でコミットすることで、自分の存在を根拠づけるという語り口になっていたからです。

すると、疑り深い私には、「〝絶対に正しい何か〟は、どうして〝絶対に正しい〟と（それほど正しくない）我々にわかったのか」と、さらなる疑問が湧いて出てしまうのです。

その困惑の最中、偶然目に入ったのが、道元《どうげん》禅師の『正法眼蔵《しょうぼうげんぞう》』にある一節だったのです。

仏道をならふといふは、自己をならふなり。自己をならふといふは、自己を忘るるなり。

見た瞬間、この言葉は「諸行無常」を別の言葉で言おうとしているのだと直感しました。

そして、仏教のテーマとは「自己」なのだという断定が、どれだけ私に衝撃だったか。自分の抱えている問題は仏教に直結しているとわかったことが、どれほど救いだったか――。

しかもそれは、「本当の自己とは何か」式の「根拠」追求では埒《らち》が明かず、そのような問題の立て方はダメなのだ（「自己を忘るるなり」）。問題の立て方が間違っているから、何を読んでも見当が外れるのだ――、私はこの一節をそう読んだのです。

それで何が解決するわけでもないのに、私は仏教にアプローチすべきだと思いました。「これは〝絶対に正しい何か〟の話とは別物だ。何の確信もない。でも仏教を選択するのだ」――。つまり、私は賭けたのです。

当時高校生だった私は、将来の出家を決意したわけではありませんでした。しかし、私は何か運命的なもの、仏教のほうに自分を流していく、最初の力を実感していたのです。

ゴータマ・ブッダへの共感

かくして、高校を出て大学生になり、就職しても、「問題」は私に取り憑いたままでした。そして、得体のしれない力は、節目《ふしめ》節目《ふしめ》で私を「堅気《かたぎ》の道」ではない方向に流し続け、結局、「出家」してしまいました。

ですが、ついに出家するときに至っても、私は仏教を信じていたわけではありません。仏教の教えが「真理」だと思っていたわけでもありません。私が最終的に出家を決意したのは、ゴータマ・ブッダへの〝共感〟だったのです。

彼は「真理」を発見したから出家したわけではありません。彼もまた、苦しい問題を抱えていたから、出家したのでした。

経典には、釈迦族の王子、ゴータマ・シッダールタの出家にまつわる「四門出遊《しもんしゅつゆう》」というエピソードが出てきます。

あるとき、青年シッダールタ王子が東門から外出するとそこに老人がいました。またあるとき、南門から出るとそこに病人がいました。またあるとき、西門から出るとそこに死人がいたのです。それら人間の生の実相を見て、彼はつくづく考え込んでしまった。そして、最後に北門を出たとき、神々しい人がいた。その人物が修行者だと聞き、彼は出家の決意を固めたのです。

初期経典には、この逸話の原型のような、ゴータマ・ブッダ自らの回想が出てきます。

「比丘《びく》たちよ。私は、このような盛運をそなえ、このように極めて優しく育てられたが、次のように思った。『愚かな凡人は自分も老いるものであり、老いを越えることがないのに、他人が老いるのを見て、自分だけやり過ごし、戸惑い、閉口《へいこう》し、忌避《きひ》する。私もまた老いるものであり、老いを越えることがない。老いるものであり、老いを越えることがない私が、他人が老いるのを見て、自分だけやり過ごし、戸惑い、閉口し、忌避するとしたら、それは私にふさわしいことではない』と。比丘たちよ、私はこのように考察しているとき、青春における青春の傲《おご》りは、すっかり消滅してしまった」

さらに、「病い」と「死」についても同じ語りが続くのを見たとき、私は「自分がここにいる」と思いました。これは自分だ。お釈迦様はここから始まった人なんだ。ここから始めた人が、出家を選んだんだ。自分と問題を共有する「先輩」は、ついに出家を選択しているんだ——。事ここに至って私は、最終的に仏教にチップを張ることにしたのです。

かくのごとき成り行きで出家した私は、結果的に非常に特異な考え方の仏教僧になってしまいました。その最たる原因は、私が「真理」から出発したのではなく、すべてを「問い」から始めたからです。

そうなると、たとえ「お経にこう書いてある」「偉い老師がこう言っている」「これが仏教の真理だ」などと説教されても、私にはまるで意味のない話になってしまうのです。真理だろうと何だろうと結構だが、それは自分の問題の解決に使えるのか——、それこそが重要だったのです。

つまり、私はあらゆる仏教の概念や修行方法を、すべて自分の問題と突き合わせて解釈し直し、使える道具に仕立て直す必要があったのです。そうすると結局、私にとっての仏教は、まさしく自己流「生き方のテクニック」になるわけです。

したがって、私の仏教についての考え方は基本的に偏っています。一般的な仏教を知りたい人には向きません。私のアイデアが役に立つのは、私の抱えていた問題、そしておそらくはゴータマ・ブッダにもあったであろう問題を共有している人でしょう。

このことを一言お断りして、修行僧時代から今まで、私が仏教を「方法」として考えたことを次項からいくつか紹介しようと思います。

Ⅱ　仏教へのアプローチ

老・病・死が〝生存〟の条件

先述したブッダの出家の回想に出てくる「老・病・死」をめぐる苦悩は、後に「生」すなわち「生まれてくること」を加えて、四つの苦しみ「四苦」と呼ばれるようになります。

「生」の苦しみとは産道を通過するときの胎児の苦しみだとする、ミもフタもない解釈がありますが、胎児はそんな苦しみを意識することも記憶することもできない以上、まるで無意味な解釈です。

私は、この「生」を「生まれてくる」ことではなく、「生きていること」「生存していること」「人間として在ること」の意味に解釈します。我々の「生」は、老・病・死は不可避です。つまり「生」は、老・病・死を条件として「生」たり得ているのです。その事実を「生苦（生の苦しみ）」と考えるわけです。

このことは重要です。私たちが「自分が生きていること」、自らの「生」を全体として認識できること、すなわち「私は生きている」という言い方に実感を持てるのは、まさに老いて・病んで・死ぬからです。

普通に考えれば、老・病・死は、生に対して否定的に作用するものでしょう。しかしながら、私たちが何か物事をはっきりと自覚するのは、ある事柄を否定するもの（そうではないもの）と直面したときです。否定され、区別されることで、初めてその事柄全体が見えてきます。

「右」は、中心となる直線の設定によって空間を分割し、「右」の部分と同時に「右でない部分（＝「左」）」を発生させない限り、「右」として意味を持ちません。つまり、あるものをあるものとして認識するためには、それを否定するものに直面しなければならない。そうでなければ意識されないのです。

老・病・死も同じです。生きていること、存在するものを全体として捉えるには〝否定性〟が必要です。おそらく何かの契機に、ブッダは丸ごと自分が「いる」ことの問題性に気づいたのでしょう。

「人は誰しも老いて、病んで、死ぬ。それがいつ来るかはわからない。この否定性において、在る。それなのに、人はなぜ平気な顔をして生きているのか」――、これがブッダの最初の「問い」だったのです。ブッダの回想で言う「傲り」とは、このことだと私は考えます。

とするならば、ブッダが回想で言っているのは、「老いるのが辛い。病気が苦しい。死ぬのが怖い」などという話ではありません。私たちも、老人を見ると「老い」というものを意識します。病人を見ると同情すると同時に、「自分が病気になったら嫌だ」と思う。死ぬのはもっと「嫌」でしょう。

でも、だからといって、ブッダのように「出家しよう」とはならないはずです。ブッダの言っていることは、ただの「嫌だな」とは違うのです。

彼が問題にしているのは、自分は平気でいながら、他人の老・病・死を「戸惑い、閉口し、忌避」できるのはなぜなのか――ということなのです。そして、自分自身が老い、病み、死ぬ存在であることの自覚がなにゆえこれほど難しいのか――ということです。このメカニズムの解明がテーマなのです。

老・病・死を「嫌だ」と思う理由

そもそも老・病・死を「嫌だな」と思うには、「老いる」「病む」「死ぬ」ということを「知って」いなければなりません。

その意味で動物は、老・病・死の苦しみはありません。というより、老・病・死がないのです。

たとえば、サルがお墓をつくったという話は聞きません。ただ、子供の死体を抱きかかえて3か月も4か月も暮らすニホンザルの母親はいるといいます。それでどうなるかというと、母親が忘れ始めるのです。

干からびてミイラ化したような子供の亡骸《なきがら》をずっと抱いて移動しているうちに、ときどきどこかに置き忘れるようになる。それで慌てて探して、また抱えて過ごします。そのうち置き忘れる頻度が多くなって、ある日完全に忘れてしまいます。

サルにも、我が子が「今までと違う状態になった。何か変だな……」という意識はあるのでしょう。「大変な出来事が起こった」ということはわかるかもしれません。しかし、それを「死」と意味づけることはない。生きているときとどう違うのかという〝区別〟の意識がないから、結局忘れてしまうのです。

ネコも「老」いないし、「病」まないでしょう。次第に四肢《しし》が動かしにくくなり、体調が悪化していくことは感じているでしょう。しかし、それは感覚的な不快であっても、「老」「病」とは認識されません。だから嫌がることもできません。

人間と動物の違いは、我々が老・病・死を認識し、厭《いと》うことができるかどうかです。

すると、ここにさらに根本的な問題が出てきます。

「老いていく」「病気になる」「死んでしまう」という〝変化〟を認識するためには、変化しないものを設定しなければ不可能です。すべての「変化」の認識は、変化しない何ものかについての「変化」です。「○○が変化する」というとき、「○○」自体が変化するなら、「変化が変化する」という無意味な言表《げんぴょう》になってしまいます。

ゆえに、老いる前と後を貫通する同じ「私」を設定できないなら、「私は老いた」という認識は成り立ちません。認識が成り立たなければ、老いを嫌悪《けんお》することも、「若いままでいたい」と欲望することもできません。

つまり、「一貫して変わらない〝私〟の存在が、老・病・死の苦しみの大前提」というわけです。

では、この「私」はそれ自体で本当に存在するのか――。その一貫性を根拠づける何かがあるのか――。

私の幼児期からの感覚は、その実在に否定的であり、私が出会った「無常」という仏教アイデアは、明らかに否定するでしょう。「一貫して根拠づける何ものか」をインド思想は昔から「我（アートマン）」と呼びますが、仏教はその実在を認めません。

となると、次の課題は、仏教は「自己」という存在をどのように考えるのか――、ということになります。

「私がいる」とはどういうことか

我々は普通、今までも、今も、今後も、存在する「私」を当たり前のように前提にしています。日常では意識もしないくらいでしょう。

しかし、この「私」それ自体の存在は、いかにしても証明できません。大体、昨日の「私」と今日の「私」が同じ「私」であることの証明は、昨日の「私」はすでにいない以上、無理です。肉体は3か月もすれば細胞が総入れ替えになってしまいますから、物理的な証拠も出せません。

実際には、「私」は「私（A）である」という当人の記憶と、その通りに「あなたはAだ」と認知してくれる他人の反応によって制作された構成物です。記憶喪失が起これば「自己」は断絶し、他人がすべて「お前はBだ」と一致して言い出したら、Bになるか、精神に異常をきたすか、自死する以外にないでしょう。「私である」ことを無条件に根拠づけるものは、何ひとつありません。

我々は、他者から肉体と名前を与えられ、他者との関係から自分の位置を学び（その位置を示すことが「名前」の機能）、「私」として振る舞い、「私」になるのです。すなわち、「私」は「人間」と呼ばれるものの存在の仕方、様式にすぎません。様式だから、誰もが「私」という言葉を使えるのです。

逆に、もし「私」が特有の内容を持つなら、この世で一人しか「私」と言えないはずです。

「本当の自分」はどこにいる？

このように考えると、「自己」をめぐるもうひとつの問題にもアプローチできるでしょう。それは「本当の自分」問題です。

たとえば、ある種の宗教的言説は、このように言います。

「この世界は穢《けが》れていて、自分もその穢れた社会に染まっている。しかし、本当の自分は違う。修行によって穢れを除去すると、『真実で、価値のある自分』が手に入る」

このアイデアは、要するに、今の自分はダメだけれど、それは本当の自分ではないから、ある方法で鍛錬することによって、ダメな自分に内在する「本当の（立派な）自分」が出てくるというわけです。

するとこれは、単に宗教的な言説にとどまらず、多くの人々が日常生活の中で、少なからず感じる不安や不満に結びつくでしょう。

「日々の忙しさに追われ、様々な付き合いをこなして、なんとかやっていくためには、その場その場で自分の役割を果たさなければならない。それはほとんど『仮面を被って生きている』にすぎず、『本当の自分』は別にいるのだ。では、その『本当の自分』とは何か」――。この不安が昂じると、往々にして「本当の自分」を教えるという「商売」のお得意様になって、大損害を被る場合があるのです。

しかし、この「本当の自分」も決して認識されることはありません。そもそも認識されたとして、それが「本当の自分」だと誰が判断するのか、という疑問が出てきます。

「本当の自分」か？「嘘の自分」か？

判断する自分がすでに「本当の自分」なら、今さら「本当の自分」を問うはずもなく、「嘘の自分」の判断なら、最初から間違い以外の何ものでもないでしょう。

さらに、認識できたとして、それが「本当の自分」だとなぜわかったのか。知らない人物を探せと言われて、探し出せる人はいないでしょう。

これらふたつの疑問は、「本当の自分」を問うときに、決して解消されません。したがって、それでも「本当の自分」が認識できたと強弁したとしても、それは結局、すでに認識されている「仮面の自分」と同じことになり、新しい仮面がもうひとつ増えるだけでしょう。

すなわち、我々が「私」という言葉で意味している当のもの、「私」と認識しているそのものは、それ自体に何の根拠も持ちえない〝仮設物〟なのです。

「所有」と「自己決定」の関係

ただし、「無常」の考え方、「私である」ことそれ自体に根拠がないという事態は、我々の根源的な〝不安〟となります。昔から絶えることのない「本当の自分」への欲望はその不安の裏返しです。

この欲望にまず答えるのは、たとえば、いわゆる「普遍宗教」が提供する「万物の創造神」のごとき、〝絶対的存在者〟です。その人格性が脱色されれば、古代インド思想の「ブラフマン」や古代ギリシャの「イデア」、中国思想の「太極」あたりになるでしょう。これらは、人間が直接的経験的に知ることができないものとされます。そうでなければ、通常の体験の範囲内の存在でしかなく、「絶対的」ではありえず、「根拠」になりえないからです。

では、これらにコミットせずに、「私」を根拠づけるものは調達できないでしょうか。私は、その代表が「所有」行為だと思います。

「私」の存在そのものに根拠がないということは、言い換えれば、「私」の存在は「自己決定」によって始まったわけではない、ということです。だから、場合によっては「神」にその開始を託すわけです。

したがって、「神」に託さないなら、あくまで「自己決定」に拘《こだわ》らざるをえません。そうなると、「自己」の「自己決定」が不可能である以上、何かを「自己決定」することで、反転的に「決定する自己」を仮設し、そのリアリティを支えるために、今度は際限なく決定し続けなければなりません。すなわち、「自己」でないものを「自己決定」し続けて、仮設された「自己」を幻想的に支え続けるのです。

「自己決定」とは、要するに「自分の思った通りにする」ということです。それはすなわち、「所有」行為の核心的意味です。対象を破壊や遺棄を含めて「自分の思った通り」にできることが、「所有」の実質的意味でしょう。

「自己」は幻想にすぎない

19世紀の終わりに、ニーチェという哲学者（というより哲人）が「神は死んだ」と書き遺しましたが、ならば、その死んだ神に代わって「所有という神」が出現したといってもよいでしょう。

そして、これまた17世紀の哲学者デカルトが言った「我思う、ゆえに我あり」という、近代社会の黎明《れいめい》を告げるとされる一句は、今や「我所有する、ゆえに我あり」と言っても過言ではない状況になっています。子供の境域から老後まで、「お金がないのは首がないのと同じ」的実感は、広い共感を得るところでしょう。

また、かつて飛ぶ鳥を落とす勢いだった青年実業家が「人の心はカネで買える」と言ったそうですが、この発言はお金の力を誇示しているというよりも、今やお金が人間の存在を根拠づけているという状況をストレートに言ったにすぎません。

しかし、あくまで「自分の存在自体は、自己決定ではない」と言うなら、いくらモノやお金を所有しても、自己の問題は解決しません。

ブッダが所有を否定するのは、決して貧しさが美徳だからというわけではありません。「モノを持つな」「所有するな」「所有は幻想だ」とブッダが言い続けたのは、自己というものが一種の幻想にすぎず、所有行為こそがその幻想を際限なく肥大させるからです。

先に述べた通り、「自己」という実存は、最初から否定性を内包しています。老・病・死は、自己同一性の最も深刻な危機です。この危機に対して、同一性に対する止みがたい執着があるから、「永遠の生」のような物語をつくってしまうのです。

しかし、仏教はあくまで「自己」自体が幻想にすぎないと言い切ります。否定性を最初から抱え込んでいて、自己同一性そのものが担保されるわけがないでしょう。

すると平気でいられるためには、自己同一性がいつまでもあるような錯覚をもたらす何かを調達しなければなりません。それがときには「神」的理念であり、またあるときには「所有」であるのです。

仏教は「ヒューマニズム」ではない

「自己」の根拠をめぐって、「神」もあれば「所有」もある——という言い方は、当然に根拠をめぐる両者の対立を予想させます。その典型が『新約聖書』にある「幸いなるかな、心貧しきもの、天国は汝《なんじ》のものなればなり」という一句でしょう。

「心貧しきもの」の解釈は様々あるでしょうが、これは単に邪《よこしま》な考えを持つ悪人というより、非常な生活の困窮に苛《さいな》まれ、心の余裕を失った人と受け取るべきでしょう。

ということは、人間の実存を問題にするような、いわゆる一神教的宗教や仏教は、まさに根拠をめぐる対立から、その最初期から「所有」に否定的なのです（その俗化した主張が「モノよりココロ」的言説）。

仏教が極めて特異なのは、この重大な根拠問題について、「神」も「所有」も否定してしまうからです。「無常」とはそのことで、すると、根拠に関しては救いようがなくなります。

あとで詳しく申し上げるつもりですが、仏教は根拠を求めて苦しむ人間に根拠を与えて救うのではなく、そのような人間の在り方そのものを解体することによって、「苦しみを消去してしまえばよい」と考えるのです。

これは、どう考えても尋常な話ではありません。どう転んでも仏教が「ヒューマニズム」になることは、金輪際《こんりんざい》ありません。「ありのままの自分」を大切にするような考え方と真逆にあるのが、仏教なのです。

これほど極端な考え方に、シンパシーを感じる人が昔から今までかなりの数存在し続けてきた――、考えると不思議なことです。

一神教の〝重さ〟と仏教の〝身軽さ〟

では、仏教の「非ヒューマニズム」的アイデアが一定の支持を集め続けてきたのは、なぜなのか。

私がなんとなく思うのは、自己の「根拠」として他から提供される答えの〝重さ〟です。「所有」行為は際限がなく、「神」を持ち出すなら、それが「絶対」であることを承認（信仰）しなければならない。際限ない「所有」は無論ですが、「神」の場合も、これはある種の疲弊《ひへい》を招くでしょう。

なぜなら、「絶対」である以上、その絶対に対する「自らの承認の態度」＝「信仰」を常に点検し、強化していかなければなりません。それはまず、信仰者本人の日常生活の在り様において問われ続けるでしょうが、それだけではありません。

「絶対」は誰にとっても承認されるべきものだから、一度承認した者は、当の本人だけの問題ではなく、いまだ承認していない者のところへ出かけて行って、承認するように説得することが、いわば本人の信仰同様、最重要の責務になるからです。

たとえば、15～17世紀に積極的に行われたヨーロッパのキリスト教宣教の歴史を見ると、未開のジャングルまで分け入って、現地の人々が必要としていないのにキリスト教の預言を説いて回っています。

そこで宣教をする彼らの使命感の根本は、「絶対的な正しさを知っている」という確信であり、知らない人は哀れで劣った者だという前提でしょう。これが極端になると、「原理主義」的過激思想が出てきて、「受け容れないなら殺してしまえ」ということになりかねません。

しかし、仏教の場合は違います。もともと「問題があるなら、それをどうにかしよう」ということから始まっていますから、問題のないところにわざわざ行って、問題の解決法を示すようなことはしません。手術する必要のない人に「手術しましょう」と言わないのと同じです。

「絶対に正しいものを知っている」という話になると、「知らない人間は気の毒で、もっというとダメな人間だから救済しなければならないという話になる。そして、すでに救済できる立場なのに誰も救済しないでいる人は、もっとダメな人になるでしょう。これが昂じれば、「神」が強迫観念になって、人を疲弊させてしまいます。

しかし、それなりに平和に暮らしている人のところに行って、「あなたたちはダメだから～」と言うのは、どう考えても余計なお世話です。

仏教の思想には、基本的に「余計なお世話」はない。この〝身軽さ〟が「無常」の副産物です。古来、この「副産物」への共感者も多くいたのではないかと、私は想像しています。

何が〝善〟で、何が〝悪〟か

しかしながら、このような「無常」という考え方には、どのような考え方にも困難が伴うように、いくつかの不都合が伴います。その最たるものと私が考えるのは、「善悪」の問題です。つまり、何が〝善〟で、何が〝悪〟か——と言うとき、一神教のような明確な根拠と基準が提供できないのです。

善悪の問題は、その根本において存在の根拠の問題に直結しています。すなわち、最も根本的な善悪問題は、「自分が存在することは善なのか。もし善なら、それはどうしてなのか」ということだからです。

もし、自己の存在を善なるものとして肯定できないとなると、「死ぬ気になれば何でもできる」という言葉を額面通りにとれば、自死の覚悟があれば殺人までも許されるということになりかねません。

このとき仏教では、存在する根拠は「あるかないかわからない」となります。それは同時に、「善悪の根拠を明らかにすることはできない」ということです。だから、昔から仏教が「道徳を無視する教えだ」と批判されてきたのには、理由があったのです。

そもそも、善悪が必要なのは人間にとってのみです。「非ヒューマニズム」の思想が、最終的に善悪に拘《こだわ》るわけがありません。ということはつまり、人間として生きている限りは、根拠を無視して、善悪の判断を可能にするしかありません。

では、「自分が存在することは善なのか。もし善なら、それはどうしてなのか」と、存在と善悪の根拠を同時に問うとき、この問題をどう処理するか。方法はひとつだけです。根拠がないまま自己の存在を引き受けるだけです。

自己は他者から最初に肉体と社会的人格を与えられ、以後も「自己」が何者であるかを規定され続けます。つまり、我々は「自己」を「他者」から負わされ、課されるのです。

そのような自己の実存を〝決断〟とともに引き受けることで、同時に「課す他者」を受容する。そうしなければならない根拠はない。ただ自らの存在を引き受けるという決断が存在と善の根拠になると考えるしかない。いわば、この賭けが仏教の倫理の核心であり、「無常」の存在の根拠だと、私は考えます。

＊

ここまで、私が幼いころからずっと抱え続けてきた問題に、仏教を「方法」としてどうアプローチしたのかを述べてきました。

次章では、「方法」として使った仏教のキーコンセプトを、私がどう解釈しているのかを紹介します。

第二章

「仏教」——基本のアイデア

仏教のユニークさ

仏教には「八万四千の法門」という言葉があり、ブッダは実に多様な教法を説いたと言われています。

実際、教学や実践について、キリスト教で言えば「カトリック」と「プロテスタント」、イスラム教で言えば「スンニ派」と「シーア派」の差異にくらべれば、仏教の「テーラワーダ（上座部）」と「マハーヤーナ（大乗）」の教義的差異はさらに大きく、さらに大乗仏教各宗派の差異も、これを同じ仏教と言っていいのか、いささか疑問が起こるほど大きく違って見えることもあります。

この場合、仏教において一致しているのは、「答え」ではなく「問い」なのです。

仏教以外の宗教や宗教的言説において、特に「絶対の真理」や「絶対者」を前提にしている教義は、当然ながらそれが答えであり結論ですから、それ以外に「答え」はありません。答えはひとつでなければならないのです。

ところが、仏教が一致しているのは「問い」です。我々の生の、存在の苦しさとはどういうものなのか。何が問題なのか。その問題をどう認識すべきなのか――。このような問題の捉え方において、仏教は一致している。

それに対して、問題への答えの出し方、いわば処方箋《しょほうせん》の書き方は、場合によって様々だと言うわけです。

もっと言えば、問題の解決に効き目があるなら、それが何だろうと、排除しなければならない理由はありません。

*

本章では、仏教において私が特に重要だと思う「基本的な考え方」を紹介し、自分なりの解釈をしてみたいと思います。

I 「苦」「無常」「無我」について

〝生〟と〝実存〟は思い通りにならない

仏教の最もユニークな教えである「苦」「無常」「無我」は、まさに〝問い〟を提示する言葉です。「人間の在り方」＝「自己」という、現にそのようなものとして在る在り方（実存）を、仏教は「苦」「無常」「無我」と捉える——とするわけです。

このときの「苦」は、「ここが痛い」「あれが切ない」という話でありません。そうではなく、「喜怒哀楽」丸ごと全部の「生」、その実存自体を「苦」と言っているのです。喜びと楽しみは望み通りに続くことはなく、怒りと悲しみは避けようもなく我々を襲うでしょう。結局、「自己」の〝生〟と〝実存〟が決して思い通りにならないことが「苦」なのです。

その「苦」の核心こそが、我々が思い通りに生まれてくることも、予定通りに存在することも、できなかったことです。何事かを理由に「自己決定」で生まれてこない限りは、「自己」の内部に存在根拠を設定できません。この「自己」の無根拠性を「無常」と言い、「無我」と言うのだと、私は考えています。「無常」と「無我」は実質的に同じ意味です。

苦しいのは「自己」に根拠がないから

もし何事かについて「常」であるなら、それは変化しないという意味ですから、「決して変化しない常に同一であり続ける何ものかが存在する」ということになります。その常に同一の何ものかを「我（アートマン）」と言うわけです。言い換えれば、「実体」です。環境や条件によって「見かけ」は変わっても、その背後に、あるいはその根本には「本体」＝「実体」がある――と言うのです。

この「我」を肯定するなら、「自己」の根拠に使えます。現在苦しいのは、様々な環境や条件（実存する「自己」の「過ち」や「罪」）によって本来の「自己」（実体としての「自己」＝「我」）の在り方が損なわれているからだと考えればよいのです。

したがって、私は、巷《ちまた》でよく聞くような「無常とは、すべての物事が決して止まることなく変化し続けることだ」などという、無邪気な解釈はしません。この解釈の致命的な甘さは、「変化」の認識が「変化しないもの」においてしか成立しないことを理解できないか、無視しているからです。

先述したように、「老い」や「病い」という「変化」は、「同じ」自分について言わない限り、無意味です。つまり、「変化」の認識は不可避的に不変の「我」を必要とするわけです。

すると、問題の根本は我々が行う「認識」のメカニズムにあることになります。それは「自己」が「無常」「無我」であるにもかかわらず、それを常に同一の「実体」的な存在と誤解するメカニズムなのです。

「言語」の〝錯覚〟のメカニズム

問題が「認識」のメカニズムにあるのだとすると、必然的に「言語」が問題になります。人間の認識は言語によって構成され、確定するからです。このことは、いくら注目してもしすぎることはありません。丁寧に考えていきましょう。

「私」という言葉が特定の個人を指示しないように、「○○が存在する」と言うとき、○○は特定の個物を指示しません。たとえば、目の前の物体を見て「机がある」と言うとき、「机」の語はたったひとつの机を言うわけではありません。「この机」と言っても同じです。「この」も「机」も、時と場合と物が違っても使える言葉である以上、特定の個物を言うわけではありません。では、言葉の意味するものとは何なのでしょう。

我々が勘違いしやすいのは、一目見てある物体が「机」だとわかるのは、しかも、色も形も様々なのに、それが机であれば「机」だと即座にわかるのは、目の前の個々のものを等しく「机」ならしめている根拠、すなわち「机」の実体があると思うことです。そして、「机」という言葉は、その実体を意味しているのだと考えるのです。

ある物体が机であるのは、「机」の実体がそのものに備わっているからではありません。我々がそれを「机」として使うからです。もし誰もそれを「机」として使わなければ、実体があろうとなかろうと、それは机ではありません。

「机」が「机」であるのは、その内部に根拠があるのではなくて、我々が、それにある一定の関わり方をするからです。定型化された関わり方――、それが言葉の意味なのです。「○○が存在する」という言葉は、物ではなく意味を表示するわけです。さらに言えば、我々にとって存在するのは、物ではなく意味です。

ですから、ある物体を我々がどう使うかで、同じものは、「机」にも「椅子《いす》」にも「踏み台」にもなるでしょう。

にもかかわらず、実体の「机」があるかのように思うのは、「一定の関係の仕方」＝「意味」を言語が固定して、それを「教育」あるいは「躾《しつけ》」と称して幼児に刷り込むからです（言語の習得）。

ある物体は「机」でも「椅子」でも「踏み台」でもあり得るのに、子供がその上に立つと、親が「机に乗っちゃダメ！」と叱り、床に寝そべって落書きをしていれば、

「机の上でやりなさい」と命じられるでしょう。

この繰り返しが、ある物体への多様な関係性を排除してひとつに絞り込み、その関係性を「机」と称して刷り込まれれば、子供はついに一目見たときに即座に「机」でわかるようになるはずです。

すると、事情が逆転して、刷り込みの過程は忘却されて、その物体には最初から「机」である根拠が内在するから、見ただけでわかるのだという錯覚のメカニズムが働くわけです。

「私」は存在するか

これは「私」を実体と錯覚させる作用でもあります。「私」は机を使ったり、道を歩いたり、食事をしたり、色々なものに関わり、様々な行為をします。すると、種々の関わりや行為とは別に、関わりや行為の主体としての「私」がそれ自体として実体的に存在するように思えます。

ところが実際は、「私」が「机」を使うとき、その「私」は「机を使う私」として道を歩くとき然《しか》り、食事するとき然り――。何もしないときは、「何もしない」ということをしている「私」としてしか、存在できません。

ところが、「私」という言葉は、行為から行為する「私」を錯覚的に切り離すのです。

なぜそんなことになるのか。我々は生まれてすぐ命名され、命名した者（大抵は「親」）と、その周辺の人間との関係の中に投げ込まれ、名前を呼びかけられ、様々に扱われ（育てられ）、その扱いに反応し、交感して、次第に投げ込まれた諸関係における一定のポジションを理解するようになります。

このポジションを意味しているものこそが「名前」です。だからこそ、乳幼児は最初、自称するのに「ぼく」「わたし」を使わずに、親や周囲から呼びかけられる通りに自称するのです。童謡にあるように、「さっちゃん」と呼びかけられる幼児は、自分を「さっちゃん」と呼ぶでしょう。

「さっちゃん」と呼びかけられ自称する経験を重ね、ポジションが安定してきたとき、「さっちゃん」が「わたし」に置き替わります。つまり、「私」は他者との関係の結節点を意味しているのであり、それ自体としては存在しません。

しかしながら、我々の記憶には、安定したポジションの呼称である自分の名前か、「私」という一人称しかありませんから、最初から「私」がいたような錯覚、生まれて以来一貫した「私」、すなわち実体としての「私」が存在するような錯覚が生じるのです。

かくして、言語はそれが「何であるのか」を確定し、我々自身と我々が直面する世界を分割しながら組み合わせ、秩序立てていきます。その結果、事のはじめから「私」と「世界」がそれ自体で存在するように錯覚するわけです。

この世に「本物」という物はない

言語が作用して、関係において存在するものを実体として錯覚する好例が「本物」というアイデアでしょう。

この世に「本物」という物そのものはありません。「本物」は物ではなく観念であり、思考の手続きにおいて存在するにすぎません。現実には存在しない——。

たとえば、有名ブランドのバッグと偽物の違いは、バッグという物自体にはありません。なぜなら、素材もデザインも製法も寸分違わないとしても、「偽物」である場合があるからです。それはつまり、ブランドを保有する会社が自社の製品と「認めない」ときです。

これに対して、どんなに粗悪な製品であろうと、会社が自社ブランドと認めるなら、できの悪い「本物」でしょう。すなわち、「本物」とは商品取引という関係上の手続きのことなのであり、その手続きにおいて承認された観念なのです。

道元禅師の主著『正法眼蔵』のなかに「画餅《がべい》」という巻があります。「画餅」は俗に「絵に描いた餅」と言われていることです。「絵に描いた餅は食べられない」と言えば、実際には何の役にも立たないことのたとえ、または実現する見込みがない計画を批判するセリフになります。

道元禅師に言わせると、このセリフはナンセンスなのです。

「絵に描いた餅」が食べられないのは当たり前で、「絵に描いた餅」通りの在り方をしているにすぎません。同じように「食べられる餅」は当たり前に「食べられる」通りの在り方をしているだけです。

にもかかわらず、このふたつを比較して、食べられる方を「本物」と認定し、他方を食べられない「偽物」と貶《おとし》めるのは、人間の観念的操作にすぎません。それなのに、「本物」それ自体が存在すると思うのは、言語が引き起こす愚かな錯覚です。

この言語が引き起こす根源的な錯覚を「無明《むみょう》」と言います。「本能的な生存欲」とか、根本的な欲望という解釈もありますが、それではなぜそれが人間だけに「苦」なる「問題」として発現するのかを説明できません。

実体がないのにあると思い、根拠がないのにあると錯覚し、ないものを欲望し続けることが「自己」という実存の根源的な「苦」だと、私は考えます。

Ⅱ　「縁起」「因果」について

「親子」は関係性から生じるもの

あるものの存在が、それ以外のものとの関係において成立するという考え方を「縁《えん》起《ぎ》」と言います。普通、よく聞くのは「縁起が良い、悪い」というセリフでしょうが、これは単に運の良し悪しを言うような言葉でなく。仏教の根本概念です。

大切なのは、「関係において成立する」と言うとき、先に何か複数のものがあって、その間に関係が成立するという意味ではないことです。そうではなくて、関係がものの存在を成り立たせているのです。人間の場合、その関係は「行為」として現実化します。

たとえば、「親」があらかじめ存在し、然る後に「子」が生まれるのではありません。そうではなくて、出産あるいは養育という関係的な行為が、ある存在を「親」と「子」にしていくのです。「親」「子」で「ある」ではなく、まさしく「親」「子」に「なる」わけです。

にもかかわらず、「親」が「子」を産んで、そこに「親子関係」が生じると思うのは、先に話したように言語が日常的に起こす錯覚です。

だとすると、我々の「在り方」は、「行為」＝「関係」の〝仕方〟にかかっているということになるでしょう。

どのように行為するか、関係するかが、どのように「在るのか」を決める――。ここに仏教の〝実践論〟の土台があります。

「因果律」は〝原理〟ではなく、〝方法〟である

「縁起」に似た言葉で「因果《いんが》」という語があります。これは一般の原因―結果関係

（「因果関係」）つまり「因果律」と同じ意味ですが、これは時として、仏教が主張する実在の「原理」で、人間の運命までも支配するものだと、人々に受けとられています（「因果の道理」）。

この原理は個人の生前死後にも貫徹され、前世の悪行や善行が現世の在り方を決め、現世のそれは来世の在り様を決めると言うのです。

しかし、「無常」の考え方は「原理」を許容しません。ならば、「因果」をどう理解すべきか。これを考えるには、因果律そのものの機能を検討する必要があります。

前世や来世の話は容易に信じない人でも、因果律をこの世の現象を決定する原理だと考えるのが普通です。「この前の台風で崖崩れが起こった」と言われれば、大抵の人は不思議には思いません。

ですが、そもそも重力がなければ崖は崩れないでしょう。また、その崖の地質的な強度も問題でしょうし、崖の勾配はどうだったのかという問題もある。つまり、崖が崩れるのは、複雑な因果関係があるはずです。

しかも、「前回の台風で崩れなかった崖が、なぜ今崩れたのか」、さらに言うと、

「同じような他の崖ではなく、どうして正にこの崖が崩れたのか」という疑問も出てきて当然でしょう。

「この前の台風説」は、これら一切の疑問に答えません。疑問を無視しない限り、成り立たないのです。ということはつまり、ものは考えようだということです。

思うに、因果律は「原理」なのではありません。それは人間に是非とも必要で、最も基本的なものではありますが、所詮《しょせん》考える「方法」にすぎません。世界と自己の在り方を理解する、根本的な道具なのです。

「理解する」とは「操作できる」ということです。道具を使うようになった人間は、使用における手段と目的の関係を、現前する世界に当て嵌めて原因―結果関係として理解するようになり、その理解を理由―結論という論理関係で表現するのです。

これは単なる理解の問題ではありません。我々が首尾一貫した「自己」を構築するのに不可欠の、実践上のアイデアです。第一、因果律を用いなければ、人間は意志的・自覚的行為が不可能であり、社会的な相互関係において、「権利」と「責任」の概念が機能しません。つまり、因果律は主体的実存、すなわち「自己」を構成する根本的方法概念なのです。

したがって、仏教が「因果の道理」を強調するのは、「前世の報い」式の脅迫とは本来次元が違います。

修行者の志と修行を可能にし、修行する主体としての「自己」を構築するのに是非とも必要であり、またその限りで有効な方法として、「因果」を重視しているのです。

Ⅲ 「輪廻」について

生まれ変わり／死に変わり

先の「因果」のアイデアは、仏教の教えとしてよく持ち出される「輪廻《りんね》」や「業《ごう》」の考え方に直結しています。

要するに、「輪廻」は「生まれ変わり／死に変わり」のことです。このとき、「どう生まれ変わるかは、その人の行いによって決まる」と考えます。「過去世での行いの善悪の結果、現世の境遇が決まり、現世の善行悪行によって来世の行先が違う（たとえば、天国か地獄か）」と言うわけです。

このように自らの行いが在り方を決定すると言うとき、その行いを「業」と言い、仏教以前のインド思想では、これが「輪廻」思想に組み込まれ、広く行き渡っていたのです。

このような考え方は、「因果」を実体的な原理として考えないと機能しません。ある行いに原理が自動的に作動して、一定の境遇を結果としてもたらすのでなければ、「輪廻」「業」が成り立ちません。

しかしながら、「因果」も無常であるとすれば、別の解釈が必要でしょう。

けだし、「輪廻」という教説は、所詮考え方の問題だと思います。だから、仏教の説く「輪廻からの解脱」とは、「輪廻という考え方からの解脱」だと考えればよいでしょう。

まず、「因果の道理」が作動するには、「原因―結果」を貫通する作動の対象が実体として存在すると想定しなければなりません。つまり、「輪廻」するには、生まれ変わり死に変わりする「同じ自分」が前提されなければならないのです。いわば「霊魂」のようなものです。

ですが、終始一貫した同一性を保つ「霊魂」みたいな、アイデンティティを保証する何ものかが「生まれ変わり、死に変わりする」という言い方・考え方は、どう見たって、無常・無我のキーコンセプトと背反します。

「輪廻」は要らない

すると、「いや、仏教では、輪廻するのは霊魂のようなものではない。そんなアートマン（我）同様の何かではなく、命の流れのような、個人を超えた大いなる意識のようなものが輪廻するのだ」などと言い出す人が出てきます。いわゆる「無我輪廻説」的な物言いをするのです。

以前聞いた「無我輪廻説」は、川の流れにできる渦巻きを例に出すものでした。あるところでできた渦巻き（渦巻きA）が、流れの条件が変わって消え、流れの別のところに渦巻き（渦巻きB）が現れる。それが「輪廻」だと言うのです。

しかし、それですませるなら、所詮「私の先祖は徳川家康です」レベルの話です。輪廻と言うからには、「このA（徳川家康）が、こっちのB（私）になったのだ。B

（私）と見えるものは、実は以前のＡ（徳川家康）なのだ」という主張でない限りは、「輪廻」になりません。それ自体としては不変の実体性を持つ何かが「生まれ変わり、死に変わりする」と言わないならば、説として無意味です。

ある神父さんが、「人類の圧倒的多数が前世を何も覚えていなくて、ごく稀な人にしか記憶がないなら、輪廻という教えは説いても無意味でしょう?」と言っていましたが、その通りです。

いや、それでも「命が流れる」「意識が続く」と言うのなら、「流れる」「続く」と言えばよいだけの話で、わざわざ「輪廻」などと言い出す必要はありません。「無我輪廻説」などはほとんど詐称《さしょう》で、「無我持続説」が言い方として真っ当でしょう。

仏教において、「無常」「無我」説をとる限り、「輪廻」説は余計である上に理論的に無理筋で、「なくて構わないし、ないほうがよい」と私は思います。

〝処世術〟として必要だった「輪廻」説

では、理論的に維持するのが無駄な「輪廻」説が、なぜ仏教に引き込まれて残存し、今なお仏教の重要教説のような扱われ方をしているのでしょうか。

理論的に余計なものが存在し続けるのは、実践的な〝需要〟があるからです。

まず考えられるのは、人間に善悪を強制する道具としての意味です。善行を課し、悪行を禁じるとき、脅迫と利益誘導の手段として、「輪廻」のアイデアを使うのです。「善いことをすれば、良いところに生まれるよ。悪いことをすれば酷いところに生まれるよ」――、このような取り引きレベルの話は、所詮世間の問題です。

つまり、当時の在家者に生きている間の「処世術」として説く必要があったし、その需要もあったから、当時のゴータマ・ブッダ教団は「輪廻」説を必要と需要の範囲で使ったのでしょう。

だとすれば、こんなものをいまだに我々が引き継いでいる義理はありません。理論的に無駄な「輪廻」説など放擲《ほうてき》して、仏教は仏教でオリジナルな倫理説、善悪観を提出すればよいのです。私は、この倫理をめぐる議論が、今後仏教の中から数多く現れることに大なる期待を持っています。

「カースト制度」と「輪廻」はセットだった⁉

もうひとつ、「輪廻」説の実践上の需要は、非常に切実で特に苦しい境遇にある人、たとえば人種や民族、身分や心身の障害など、生まれ・出自によって差別されたり抑圧されたりしている人が、そのような在り方を自己肯定する必要がある場合と、別の誰かが彼に自己肯定させようとする場合に、顕著に出てきます。

つまり、「なぜ自分は今、これほど辛い境遇にあるのか。どんな理由があるのか」という疑問に答える理屈として、需要があるわけです。

自己の実存に対して理由や根拠を求める欲望というのは、人間にとっては致命的なことでしょう。それが辛い実存状況ならなおさらです。そのとき、「輪廻」説というのは、非常に耳に入りやすいのです。

そして、この辛い境遇をその当事者に黙って甘受させたいと思う第三者にとっても、これは非常に便利な理屈です。つまり、その境遇は「自己責任」だと言って放置できるからです。

ということは、「輪廻」説は、「社会的強者」が「社会的弱者」を支配し、隷属させるイデオロギーとして、重要な役割を果たし得るわけです。インドにおいて、「カースト制度」が「輪廻」説とがっちりセットになり、かつて「強制隔離」措置の対象となった「ハンセン氏病」が「天罰」や「前世の因縁」で説明されていた（私はハンセン病治癒者から体験談を直接聞きました）ことを思えば、すぐにわかる話です。だったら、「カースト制度」に反旗を翻《ひるがえ》した仏教が、「輪廻」説を後生大事にしている理由はいささかもありません。「因果」説は仏教に必須ですが、「輪廻」説は違います。

ゴータマ・ブッダ自身が生前説いていようといまいと、これは仏教にとって本筋の教えでも大事なアイデアでもありません。「輪廻」説は仏教に要りません。我々はまさにそれから「解脱」すべきでしょう。

Ⅳ　「業」について

「業」の一般的説明への違和感

仏教に「輪廻」というアイデアは不要ですが、それと対《つい》になる「業」の思想はどうでしょうか。

私は、「業」は仏教における「自己」の実存理解において、決定的な意味を持つと考えます。このとき思い起こすのは、「人間の尊さは生まれによるのではなく、自らの行為（業）による」という考え方です。これこそは先述した「縁起」の考え方そのものです。

この観点から、私の「業」理解をここで提示しておきます。

その前にまず、対照のために、改めて従来の一般的な「業」理解を紹介しておきましょう。

「業」とは、サンスクリット語では「カルマン」と言い、「行為」を意味する。「業」思想とは、ある人間のある行為が彼の次の在り方を規定し拘束することを、善因善果・悪因悪果という倫理的な因果関係において理解する思考様式である。仏教では「自業自得」を主張し、その限りでは実存の「自己責任」論を採用している。

多くの場合、「業」思想は「輪廻」思想と結び付けられ、過去・現在・未来の三世にわたる教説（「三時業」）として語られてきた。

この「業」理解は、まさに「因果」が実体的原理として「輪廻」思想に組み込まれることによって、成立しています。

「業」の重要性

これに対して、現在の私の「業」理解を簡単に提示します。

現在の「自己」の実存が、その時点での既知未知《きちみち》にかかわらず、当人に責任のある行為、あるいは当人に責任のない事柄によって規定・拘束されている事実を自覚し反省して、ついに決断とともにこの事実を「自己」の実存条件として引き受けるとき、「自己」実存は「業」として認識される。すなわち、「業」とは「業」の自覚のことであり、この自覚がない限り、「業」は無意味であり、端的に「ない」。

世の中には自分の意志や力ではどうにもならないことがたくさんあります。突然の災害や事件事故に襲われ、人生が一変してしまうことは、誰にも起こりうることです。すると、人間は「そんなに悪いことをしたわけでもないのに、どうして自分はこんな酷い目に遭うんだろう」と考えるでしょう。

このとき、俗耳に入りやすく、苦しむ人々がつい嵌《はま》ってしまうのが、「前世の悪行の報いだよ」的な言い草です。私は、こういう考え方を仏教の立場から排除するべきだと思います。

そうではなくて、こう考えるべきだろうと、私は思います。

確かに、このようなことが自分の身に起きたのには、相応の原因があるのかもしれない。しかし、それが何かは自分にも誰にも決してわからない。それでも、わからなくても、自分はもはやこの現実を逃れることはできない。ならば、すべてを引き受けて、どう生きていくかを考えるしかないのだ。

このとき、「自分の身に起きた」ことはまさに彼の「業」になるのです。そう考えるならば、ある人物の「業」は徹頭徹尾、彼自身の自覚の問題なのであり、第三者が彼の「業」についてアレコレ言うこと（「君が今不幸なのは、前世の悪行の報いだよ」）は、極めて僭越《せんえつ》かつ無礼であるだけでなく、ただの妄想か悪質な冗談にすぎません。言い換えれば、「自己」を「業的実存」として自覚し理解するとき以外に、「業」は存在の余地がありません。

しかし、第三者に言われたことを、当人が「確かにそうだな」と納得するなら、それは彼の「業」の認識になります。

「業」の自覚と反省は、「自己」の実存を因果関係において理解しない限り不可能です。この場合、その理解は、「自己」が何を目的として構成されていくのかによって、根拠づけられます。

つまり、ある行為なり事実の解釈の仕方とその意味は、「仏教の悟り」を目指している「自己」と「科学的真理」を知ろうとしている「自己」とでは、まったく違うものになります。

ということは、仏教の「業」理解は、「実存」の自己理解のことであり、その意味では「自業自得」と言えるでしょう。仏教者として将来に何を志し、その志に照らして過去をどう反省し、反省の上に、今いかなる決断をするか。この営為において捉えられる実存においてのみ、「業」は語られなければならないのです。このとき、「因果」は語りの方法としてのみ意味を持つわけです。

しかしながら、私の「業」理解においては、「自己」に責任のない事柄も「自己」を規定する以上、「業」として認識されます。では、その事柄とはどんなものか。

まずは「自然環境」「社会秩序」「宗教文化」「政治体制」など。そして決定的に重要なのは「言語」。これらのものは、「自己」の実存を根本的に拘束しますが、「自己」責任とは無関係です。そうではなくて、多くの「自己」が共同で制作したものであって、いわば「共同業」です。

実は、この「共同業」にあたるものとして、古来仏教に「共業《ぐうごう》」の概念があります。ただ、これは「器世間《きせけん》」、すなわち自然環境のみを意味します。私はこの概念を拡張して「共同業」を定義したいと思います。

V 「無記」「空」について

〝断定〟を否定する論理「無記」

先に「無常」と「無我」は、「存在するものはそれ自体として実体的に存在するのではない」ということを述べていると言いました。個々の机の在り方を根拠づける「机」の実体は想定できない、というわけです。

存在するものは行為的関係から構成されるのであり、その関係の仕方を言語が意味として固定するのです。すると存在するのは、構成された「意味」なのだということでしょう。

ならば、「机が存在する」という事態は、実際には「『机が存在する』、と判断された（認識された）」ということです。ということは、「机が存在する」かどうかは、その判断や認識に根拠があるかどうか、という意味になります。

ここで問題なのは、「無常」と「無我」のアイデアは、この「根拠」についても適用されることです。するとどうなるか。

「机が存在する」という判断も、それ自体には根拠がなく、一定の条件下で暫時そう判断されているにすぎません（「机」として使われている限り、それはどんな形でも「机」である、と判断する。逆に言うと、この世の誰もが「机」として使わないのなら、それは「机」ではないと言うしかない）。

すると、「机は存在しない」という判断も同じでしょう。その判断の根拠も「無常」です。なぜなら、我々の判断や認識は常に一定の限界がある以上、「存在しない」という判断にも限界があり、その限界の外側に我々の判断や認識を超えた「机が存在する」事態が起きているかもしれません。

それはすなわち、人間には見えない、触れない、使えない「机」がそれ自体で実体的に存在する、という可能性を否定できないということです。

ということは、「無常」「無我」を論理的に貫徹すると、「○○はそれ自体で実体的に存在する」＝「○○は存在する、と判断する確実な根拠がある」ことは、一方的に肯定も否定もできません。「無常」「無我」の正確な意味は、それ自体で存在する「実体」は存在しない、という否定ではなく、「実体」が存在するかどうかは判断しない、ということなのです。

「存在する」と言っても、「存在しない」と言っても、間違う――。つまり、どちらの〝断定〟も否定するわけです。

このことを、「無記」と言います。

ブッダが判断を保留した10の問題

古い経典には、ゴータマ・ブッダが肯定も否定もせず、判断を保留した10の問題（すなわち「無記」）が記されています。

1. 世界は永遠であるのか
2. 世界は永遠でないのか
3. 世界は有限であるのか
4. 世界は無限であるのか
5. 生命と身体は同一か
6. 生命と身体は別個か
7. 修行完成者（如来《にょらい》）は死後存在するのか
8. 修行完成者（如来）は死後存在しないのか
9. 修行完成者（如来）は死後存在しながらしかも存在しないのか
10. 修行完成者（如来）は死後存在するのでもなく存在しないのでもないのか

「永遠」とは、「常にそうであり続ける」という意味ですから、結局これは「世界は実体として存在するのか」という問いです。

「無限」も同じ。世界が「同じものがどこまでもそのまま不変であるのか、どうか」

と言っているのですから、要するに世界が「実体」かどうかを問うのです。「生命と身体は同じか別か」は、つまり死後にも生命はあるのかどうか、という問題です。現象としての生死（肉体の変化）を貫徹する「実体」としての生命があるかどうかの問いです。

「如来」の存在についての４つの問いも、如来がそれ自体として「実体」的に存在するのかを問題にしています。

特に9番目と10番目は、我々の通常の判断や認識を超えるレベルでの超越的「如来の存在」があり得るのかを直接問うもので、これらをペンディングするのは、まさに「無記」という考え方の徹底であり、核心です。

「空」とは「縁起」の別称

事物は「実体」として存在するのではなく（「無常」「無我」）、関係性から生成する（「縁起」）と言うとき、そのような存在の仕方を「空《くう》」と言います。おそらく仏教の言葉としては最も有名なものでしょうが、解釈も様々です。

「空」という仏教用語を初めて聞く人は、「本当は何もない」ということなのか――と、疑念と当惑を覚えるかもしれませんが、もちろん、そういうことではありません。「空」とは「何もない」という〝虚無〟を意味するのではなく、「無常」で「無我」で「縁起」して存在するものの、その〝在り方〟を言う言葉です。ここでも「机」を例に具体的に考えてみましょう。

「机は空なのである」と言うとき、最も素朴で単純な理解の仕方は、「机と見えるものは、様々な部品からできていて、それ自体が『机』として存在するものではない」というアイデアです。「部品」の寄せ集めでできているのにもかかわらず、言葉を使う人間は事物そのものがあるように錯覚するというわけです。「机」は「机」ではない「部品」の集合なのに、人間は刷り込まれた「机」の概念に支配されて、「机」としてしか認識できない――と言うわけです。

この「部品」はさらに細かく分割・分解され、お終《しま》いには分子・原子、今では「量子」のレベルに達するでしょう。すると、こうして突き止められた最終的な「要素」は、それ自体で存在する「実体」だと考える他ありません。仏教のある宗派では、それを「極微《ごくみ》」と言う場合があります。

このアイデアの愚かさは、「部品」の存在が錯覚ではないかを問わないところです。「部品」だって寄せ集め。その「部品」をさらに分解して、いかに微小な要素に還元しようと、結局は同じことです。分解をどこまで進めて、どの時点で最終的な「要素」を確定するのか、その「判断」は恣意《しい》でしかなく、根拠がないからです。

たとえ、これ以上分割できない「最小物質」を発見したとしても、それが本当に分割できないのか、今のところ分割する手段が見つからないのか、誰も判断できません。つまり、人間の認識から独立したいかなる「要素」も、実体としてそれ自体が存在するとは言えないのです。「要素」を認識するのではなく、認識が「要素」を設定しているわけです。

この問題を正確に提出していたのが、インドのナーガールジュナという大学僧です。彼は、我々の言語による認識から独立した、そのもの自体で存在する「実体」を認めませんでした。「実体」はあくまで言語の生み出す錯覚だと主張したのです。

「机」が「机である」のは、我々が物体をそのように使うという、行為的な関係の仕方なのであり（縁起）、そこにしか「机」である根拠はありません。「最終要素」も、それを認識した当座の手段と切り離されては存在しません。あくまでも、我々の認識行為という関係性における存在なのです。

このように「関係」として在るものを「実体」と錯覚させる言語の機能を、恐るべき怜悧《れいり》さで分析した彼の主著『中論』こそ、「空」の最も明快な解釈であり、ブッダの「無記」の思想を発展的に継承したものです。

＊

以上、仏教的な考え方の基本となる「言葉」を、私なりに解釈してきました。そこで次章では、仏教の実践における究極的目標である「悟り」と「涅槃《ねはん》（ニルヴァーナ）」について検討したいと思います。

第三章

「悟り」——それは「開けない」

仏教思想のクライマックス

前章において仏教の基本的なアイデアについての私の解釈を述べましたので、本章ではいよいよ、仏教思想のクライマックスである「悟り」と「涅槃（ニルヴァーナ）」を主題として検討しましょう。

仏教において、修行の目的であり、到達点であるとされるのが、「悟り」と「涅槃」です。しかし、同時にこれほど解釈が難しく、かつ多岐にわたるアイデアはありません。

では、現在の私の立場において、大よそ何が言えるでしょうか。それを考えてみたのが以下です。

まず前提として、「悟り」と「涅槃」の言わば敵役《かたきやく》である「煩悩《ぼんのう》」とは何を意味するのかから検討を始めます。

「煩悩」から離脱するか、これを消滅させない限り、「悟り」も「涅槃」もありません。その意味で、「煩悩」は最重要なタームなのです。

Ⅰ　「煩悩」の問題

「煩悩」は単なる「欲望」とは違うもの

一般的に、仏教の思想は「煩悩にとらわれた凡夫がブッダの教えに従って修行して、悟った結果、煩悩をコントロールするか、煩悩を滅して解脱し、最後は涅槃に至る」というプロセスが基本です。

では、最初に問題として設定されている「煩悩」とは何を指しているのでしょうか。「煩悩」と言えば、普通の人は「欲望」のことだと思うでしょう。飲んで、寝て、セックスして、というふうに考えるかもしれません。あるいは、お金か——。

たしかに人間も動物ですから、食欲・性欲・睡眠欲の3つの本能的な欲求があり、これを人間の根源的な「欲望」、すなわち「煩悩」だと考える仏教者も大勢います。

ですが、たとえば、人間はいくらお腹が空いても、食べられるものや量には限度があります。そして、飢えない程度に、ただ生命を維持するために食べるだけなら、それほど苦労することはありません。

寝ることも8時間も寝れば十分でしょう。実際、そう長い時間寝ていられません。

性欲については、動物には発情期がありますが、人間にはありません。そのことが、動物とはまるで違う性行動を人間に起こさせるのです。

しかし、この3つの欲求が人間と動物に共通するただの本能的欲求なのであれば、所詮大した問題ではありません。そもそも、この3つで悩み、苦労しているのは人間だけです。ほかの動物は欲求に直接動かされているので、衝動から距離がとれず、悩む余裕がないのです。

煩悩が生存本能であるのなら、それは宗教の問題にはなりません。

「煩悩」が問題なのは、欲求が本能的な直接性を失って、それが「意識」と「言語」

を持つ人間における欲望として発現するからです。

動物の食「欲求」と人間の食「欲望」

たとえば、同じ食欲でも、動物の食「欲求」と人間の食「欲望」は違います。

飢えたから食べるのが前者だとするなら、これは自ずから限度があります。お腹が一杯になれば欲求は収まります。ところが、「おいしいものを食べたい」となれば、話は違います。「おいしい」は本能でありません。「おいしい」とは「おいしいと思う」ものです。だから人は、「思ったよりおいしくなかった」と言うのです（「感じたよりおいしくなかった」とは決して言わないし、言えない）。

飢えていれば生ゴミも「おいしい」でしょうが、満腹時のフルコースは拷問《ごうもん》でしょう。つまり、「おいしい」と決まったものは存在せず、「おいしい」と思う〝心身状態〟があるだけです。

しかも、地域や時代で嗜好《しこう》が劇的に異なるのは、「おいしい」が文化であり、文化ならば教育の結果で、だからこそ「グルメ」評論家が成立するのです。

飢えは満たされますが、「おいしい」は際限がありません。「もっとおいしいもの」「何かおいしいもの」を人間は求め続けます。つまり、それが「本能」ではないからです。

おそらく、「おいしいもの」があったから、生き物が雑食になったのではありません。雑食になり、食物を選択できるようになって、「おいしい」感覚が生起したのです。食性が本能の縛りを脱して初めて「おいしい」ものが出てくるわけです。

同じように、生殖から離脱した性「欲望」は、その根底で常に、相手の性的関係を独占して自分に関心を集中させようとする、〝承認の欲望〟と結託しています。

さらに、信じがたいほど多種多様な人間の性的嗜好は、それが人間の想像力に起因するでしょうから、本能とはとても言えず、「自己―他者」の関係性（その関係性に対する意識が「自意識」）に深く依存するのです（サディズム・マゾヒズムなどは代表例）。

したがって、本能的な欲求を撲滅すれば煩悩を解消できると考えるのは、あまりにナイーブでしょう。もしそうなら、「そんな苦労をするなら、自死したほうが早い」

という発想が出てくることです。実際、ジャイナ教は「断食《だんじき》して死ぬのが最高の理想だ」と言っています。

「苦行」の無意味さ

極端な断食・断眠や禁欲、さらには意図的に身体を苦痛にさらす行為、すなわち「苦行」は、仏教の認めるところではありません。今でもインドには、数十年以上立ちっぱなしとか、目を見開いたまま生活するとか、ユニークな苦行者がいるそうですが、ブッダはごく初期から、「苦行も快楽と同じ〝欲望〟の一種だ」と述べています。

では、彼らは何を欲望しているのでしょうか。

ブッダが苦行を否定するのは、苦行の前提に、仏教が認めない「絶対神」や「超越的理念（イデアとかブラフマンなど）」、「真理」として語られる特定の身心状態の設定があるからです。苦行者はそれらを欲望（あるいは、意志）しているのです。

神・理念・特殊状態は、「絶対」「超越」「真理」であるがゆえに、定義上、普通の、通常の、あるいは常識的な人間の能力のまま、日常生活をしていたのでは、それこそ絶対に認識できないはずです。

ということは、異常な、並外れた、常識外れの、超常的能力を非日常的な生活によって開発して初めて、認識できるわけです。これが「苦行」です。すなわち、苦行は実践方法として、仏教の立場から言えば、〝倒錯《とうさく》〟以外の何ものでもないのです。

苦行がもてはやされるもうひとつの理由は、その異常さや非日常性が、それだけで観衆から賞賛される場合があるからです。100メートルを9秒台で走ることに実用的意味はほとんどありませんが、その異常な速さと、その速さのための並外れた努力に、我々は強く感銘を受けるのでしょう。

この「異常さ」を「真理」の文脈に組み込むと、ただの賞賛ではなく崇拝の対象になり、「異常」な人物は「教祖」や「覚者」などになるわけです。

私の修行時代に、とある国の高僧が多数の信者を連れ、道場を訪れたことがあります。その高僧は、何十年もの間ひと言も言葉を発しない「沈黙の行」を積んだ方として尊敬されていました。

信者の代表が恭《うやうや》しく感に堪えぬという表情でその高僧を紹介したとき、私はあやうく噴き出しそうになりました。「ああ、この人はそのことで認められたいんだな」と思ったのです。

多くの人は「10年間言葉を発しないなんてすごい。常人ではとうていできないことだ」と思うのでしょうが、ただ黙っているだけの行です。少なくとも、その「沈黙の行」はなぜ仏教的に重要なのかを説明しなければ、異常な「口下手」と区別がつきません。

しかし、とにかく黙り続ければ、ついにはそれが彼の「立場」になります。すると今度は「黙っていると偉いと思われる」から、黙るようになり、ついには今さら話せなくなるでしょう。だったら彼は結局、言葉で教えを説く能力に乏しく、黙っていることで真理を知っているかのように振る舞っているだけだ、と言われても仕方がありません。

ならば、その正体は「名誉欲」でしょう。まさに仏教が忌避するところです。

Ⅱ　「悟り」とは何か

僧侶にも誤解されている「悟り」

「絶対神」や「超越的理念」はともかく、仏教として要注意なのは、上述した「真理」として語られる特定の心身状態」です。これは時として「悟り」という言葉で語られます。では、「悟り」はどのようなものと考えたらよいのでしょうか。

人間の「煩悩」や「欲望」が意識や言語に深く浸透されているとすると、これは人間である限り解決しえない問題になります。つまり、「私」という在り方（＝「私」という言葉を使う実存）でいる以上は、決して解決しません。

すると、問題の解決は、「欲望」の消去ではなく、欲望する「私」の解消、あるいは改造のほうが早いという話になるでしょう。ただし、念のため再度申し上げますが、それは「自死」を肯定することではありません。なぜなら、修行としての自死は「苦行」の極限にある最大の「欲望」だからです。

「私には存在根拠がない」「私は存在する価値がない」「私は存在すべきでない」という判断に根拠はありません。反対に、「私の存在には意味がある」という断定もできません。同じように、根拠はないのです。「意味がない」と断定して、それを理由に死ぬということは、そういう意味をつくってしまうことになります。すなわち、「倒錯」なのです。

仏教の根本的な欲望として、「通常の欲望」と「生存に対する欲望」と「非存在に対する欲望」があります。最後の「非存在に対する欲望」は、簡単に言うと、自意識が重荷だから、それを消してしまいたいという欲望です。直接的には「死」に対する欲望のことでしょう。「死」が欲望である限り、仏教的には無意味な行為なのです。

しかし、「無常」であるにもかかわらず、それ自体で存在していると思い込むような「私」の錯覚を解除することは、今まで述べた通り仏教の大テーマです。そのために、坐禅とか瞑想などの修行方法を昔から伝承しているわけです。

ここで重大な問題なのは、そのような修行方法が結果的にもたらす心身状況を特別視して「真理」と考え、結果的に「実体」化することです。

中国で生まれた「禅宗」には「見性《けんしょう》」という言い方があります。これは辞書的に言うと、人間に本来そなわる、「本性」を徹見《てっけん》することです。これを「悟り」の境地だと考えるのです。

一定の方法に従って実際に坐禅や瞑想をすると、通常の自意識が変様します。日常の「私」は失われ、「世界と一体になった」などの感想を言う人がたくさんいます。それには時として強烈な〝エクスタシー〟が伴います。

禅ではこのエクスタシーを警戒して、「禅病」や「禅魔」と言います。自意識の解除状態に執着することを意味し、快感にのめり込んでいってしまうのは、「悟りではない」と批判しているのです。

自意識の解除にエクスタシーが伴い、このエクスタシー状態を「悟り」と考えれば、セックスでもドラッグでもいいことになります。密教の中には「左道密教」といった一派があります。彼らはセックスにおけるエクスタシー状態を「悟り」の境地と考えるのです。また、かつてのオウム真理教がドラッグで「悟り」状態を偽造したことは記憶に新しいところでしょう。

「エクスタシー」の誘惑

エクスタシーを伴う修行は、坐禅ばかりではありません。

オウムの元信者の話に何回も出てくる興味深い話があります。「修行ってすごく気持ちいいんですよ」「セックスよりずっと気持ちいいんですよ」——。

彼らは「バクティ」という行を強調していましたが、これは中世ヒンズー教の信仰に由来し、熱狂的な礼拝などが特徴です。

仏教でも礼拝は重要な儀礼ですが、私は以前に「三千拝」を修行として実践したという人に会ったことがあります。

彼によると、最初は辛いだけだが、ある限度を超えると意識が朦朧《もうろう》としてきて、それでもさらに続けていると、ついに想像できないほどのエクスタシーを感じるのだそうです。

そう言えば、有名な比叡山の「千日回峰行《せんにちかいほうぎょう》」でも、山中を7年間かけて通算1000日間、4万キロを歩き通す、過酷な荒行があります。700日の修行を終えた後、クライマックスの堂入りでは、お堂（無動寺明王堂）に9日間籠り、「断食」「断水」「不眠」「不臥《ふが》」の4無行を行いながら、「不動真言」を唱えると言います。毎晩、不動明王に備える水を汲みに出る以外はお堂を出ず、5日目からうがいだけ許されるのですが、それ以外の飲食は一切できません。

このような「苦行」にも、おそらく忘我的恍惚《こうこつ》状態が生じるでしょう。すると、修行との関連でこの状態を「悟り」のごとく語りたくなるのは、わからない話ではありません。ただ、もしそう語るなら、その話はもはや仏教ではありません。

仮にこのようなエクスタシー状態を排除したとしても、自意識を解除した状態そのものを「真理」的境地と考えれば、それは「悟り」として、教義のコンテクスト上は

「実体」視されざるをえません。
そうなってしまうことは、「見性」の境地を示そうという、次の噴飯物《ふんぱんもの》としか言いようのない事例によってわかるでしょう。

「悟った上にも悟る」の真意

ある老師が、僧侶や信者が集まる席で講義をしました。禅の公案《こうあん》にまつわる話です。彼はその講義がまさに佳境にさしかかったそのとき、突然バーンと机を叩いて、「これだ！　これがわかるか⁉」と叫んだのです。

本人としては、要するに「悟り」や「真理」は言葉では伝えられない、言語を超越したものだということを言いたかったのでしょう。聞いていた人たちはそれなりに感銘を受けたかもしれません。

しかし、このコケ脅しが通用するのは、特定のシチュエーションにおいてのみです。すなわち、老師が取り巻きの前で禅の公案の話をしているという、言語的に構成された特定の意味的空間の中でしか成立しない「バーン」なのです。

もし、同じことを食事中に子供がやったとしたら、「イタズラをするのはやめなさい！」と叱られて終わりでしょう。つまり、「バーン」は言語を超越するどころか、完全に言語依存的な振る舞いなのです。

私の所属する曹洞宗の祖、道元禅師はこの種の「悟り」を認めず、「見性」という言葉をひどく嫌い、そればかりが理由ではありませんが、中国禅宗に対して極めて批判的な立場をとっていました。道元禅師は、「見性」の教説を偽りだと断定しています。

さらに、道元禅師は「悟った上にも悟る（悟上得悟）」と述べています。「悟った上にも悟る」というのは、「悟り」を特定の境地に留まることとは違う意味に考えているということです。

では、道元禅師はどう考えているのか。それを考える前に、さらに我々の在り方、自意識を持つ実存の構造を検討しておきたいと思います。

かります。

「自己」の辛さから逃げたくなるが……

一定の境地に留まっていてはダメだということは、ブッダの出家の過程を見てもわかります。

ブッダは出家して、二人の師につきました。彼らは独自の瞑想修行によって特別な境地に至ることを教えていたのです。この修行をブッダはあっという間にクリアして、その特別な境地に至ります。

ところが、ブッダは自分の達した境地をあっさり捨てます。要するに、「よく生きることに役に立たない」と言うのです。

単なるエクスタシー状態はむろんですが、瞑想や坐禅がもたらす特定の心身状態を確保したとしても、問題の解決にはなりません。次へ行っても似たようなことの繰り返しで、「ああ、これはダメだ」となってしまう。ブッダはそんな状態をつくり出すために修行をしたわけではありません。

問題は、人間が言語に浸透された実存であり、自意識を持っているがゆえに陥る錯覚です。このとき、坐禅などで自意識を解除することは、錯覚を脱する方法として重要なのであって、解除した結果の心身状態が目的ではありません。

ところが、特殊な心身状態を目的とし、仏教の究極的境地とする誘惑は、古来決して絶えることがありません。なぜなら、人間はそれを強く欲望するからです。

「自己」の在り方、私の言葉で言えば「他者から課された自己」の状態には、根本に矛盾があり、ひとたび「自己—他者」の関係に不具合が起これば、それは直ちに「自己」の危機となります。つまり、「自己」は常に「他者」に対する緊張を強いられているわけです。だとすれば、辛くなった「自己」が時にその解除を欲望するのは自然な成り行きです。

通常、その欲望は直ちにブッダのような瞑想修行に向かうことはありません。それは往々にして、先述したエクスタシーのような、忘我的快感を伴う行為への執着になります。つまり、「依存症」です。

「依存症」は〝時間〟を解体する

では、たとえば、ギャンブル依存症は、どう「自己」を解除しているのでしょう。

私が思うに、ギャンブルは「自己」の〝時間〟を解体してしまうのです。

普通に生活している者は、必ず「スケジュール」を意識します。スケジュールをつくるという作業は、過去・未来との関係から現在為すべき行為をプログラムすることです。この行為が「自己」の一貫した時間を構成するわけです。

いわば「自己」は旅行者なのです。旅行するという行動は、ただの放浪とはわけが違います。旅行においては、出発地と目的地が自覚されていて、移動手段が決定されていて、常に現在地が把握されています。旅日記が書けるわけです。

ところが、放浪者には、それらが全部ありません。放浪しているうちに時間を忘れてしまう。彼にとっては、今までどこにいたかはどうでもよく、今からどこに行くかの当てはありません。

そして、今いるところを知る必要もありません。となると、彼には首尾一貫した「自己」など要りません。要らないものはなくなっていくでしょう。

ギャンブルは、この「放浪者的時間」をつくり出すことで、「自己」の負荷から逃れようとするのです。

ギャンブルには、未来と現在と過去の時間秩序がありません（「後先のことを考えない」状態）。というよりも、未来だけ――、「未来」に宙吊りされているだけです。それはもう未来でさえありません。

ギャンブルの強烈な忘我的快感は、勝負にあるのでありません。では、どこにあるのか。たとえば、競馬ならどうでしょう。

それは勝ったときではありません。スタートしてゴールに着くまでです。その快感は、勝負がつくまでの「内臓からヒリヒリするような」感覚だと言います。このとき、時間の感覚がなくなっているのです。

勝敗の決着がついてしまうと、そこに「現在」が現れます。そして「未来」と「過去」と「現在」が一度に集まる。失われたお金、得られるお金が一度に現れます。勝ったら賞金を何に使うかという考えにとらわれ、負けたらお金が失われ、明日の生活を悩みます。

ところが、スタートした瞬間からゴールまでは、勝負がつくまでの「未来」しかありません。未来しかないのは、時間がないのと同じことになります。

時間がないとはどういうことでしょうか。それは「過去・現在・未来を秩序づける〝自意識〟がない」ということです。このとき、自意識は解除されているのです。サイコロ賭博でしたら、賽《さい》が振られて目が出るか出ないかという瞬間です。

およそギャンブルの快感は、「いまだ」結果が出ない未来に宙吊りにされ、時間と自意識が解体することに由来します。

これに対してアルコールやドラッグ、あるいはセックスへの依存は現在への没入です。「現在」しかなければ、それも時間ではない。

「未来」しかないギャンブル――。「現在」だけに時間を解体するならドラッグやアルコール――。ならば、「過去」しかないという状態もあるはずだと、私は思います。それが「自慢話」と「愚痴」です。ここにもエクスタシーはある。だからなかなか止められないのです。

自慢話や愚痴と同様に、年配者が若者にする「説教」も同じ傾向があります。彼らにも過去しかありません。長い説教は、それまでの自分を肯定しなければできない。

それを語り続ける快感があるのです。だから自慢話も愚痴も説教も、みな不必要に長くなるわけです。

では、このような「依存症」とも、「悟り」「見性」と称される変性意識的な心身状態とも違う、「坐禅」の意味とはどのようなものか――、道元禅師の教えに学んでみましょう。

Ⅲ 「坐禅」の意味

道元禅師の「只管打坐」

道元禅師の有名な言葉に「只管打坐《しかんたざ》」というものがあります。これは簡単に言うと「ただ坐る」という意味で、「悟り」のための坐禅を否定する言葉です。

ところが、少なからぬ指導者は「一切何も考えずに坐る」ことだと主張し、坐禅に対するあらゆる意味づけを否定します。にもかかわらず、その坐禅する姿が「ありのままの仏」なのだと意味づけしているのです。これは愚かというものでしょう。

だいたい、特定の教義に基づいて、場所と方法を選んで行う行為です。公園のベンチでぼ〜っと「ただ坐っている」のとはわけが違います。方法の選択がある以上、そこに解釈と意味づけがあるのです。

私が「只管打坐」をして言えることは、坐禅という身体技法を用いると、通常の自意識が解体した心身状態が出現するということです。言い換えれば、「自意識は条件づけられた特定の行為・行動様式に規定されている」ということなのです。


ここで、私が行っている坐禅の仕方を紹介しておきましょう。

坐禅する場合の具体的な足の組み方・手の組み方・姿勢づくり——、こういったことは、まず道元禅師の『普勧坐禅儀《ふかんざぜんぎ》』や『正法眼蔵』に従うのがベストです（ただ、組んだ手を左足の上に置くとありますが、必ずしもそれにこだわらず、下腹に手を引きつけ加減にしながら、ごく自然に肘が伸びて静止する位置にしておけばよい）。これには解説本もたくさんでていますから、本論では割愛します。

私が強調しておきたいのは、それらの書物の中で道元禅師が言及する「正身端坐《しょうしんたんざ》」ということの意味です。この語は「只管打坐」を心身に具体的に実現した状態を意味します。

坐禅する身体のつくり方について、私は以下のように理解しています。

① 上半身を真っ直ぐにする。左右に傾かない、前かがみにならない。後ろに反《そ》らない。

② 徹底的に力を抜く。筋肉の緊張を解く。できるかぎり楽に坐る。

③ 呼吸をとにかく深く、可能な限り微弱な状態に安定させる（腹式呼吸）。

このとき、最終目的は③であって、そのために①と②が必要なのです。

①について重要なのは、「真っ直ぐ坐る」と言われたからといって、胸を張り腰を入れて、弓なりに反りかえるような姿勢になってはダメだ、ということです。坐禅の経験や学習が足りない者が指導すると、すぐに胸を張れ、腰を入れろ、頭で天井を突くような気持ちで坐れなどと言いますが、これは坐禅の仕方として、拙劣極まりないものです。

私が大切だと思うポイントは、まず、両耳が両肩の真上にくるようにして、顎《あご》を軽く引く。次に肩をやや内に入れ加減にする。そして、腰を入れるのではなく、伸ばすような具合にする。

これらのポイントは、とにかく筋肉に余計な力を残さないためです。究極の理想を言えば、筋肉の支えを借りずに、骨格のバランスだけで「正身端坐」の姿勢をつくることでしょう。

頭の位置が定まり、顎が引かれると、喉《のど》や首周りの緊張が抜け、胸を張らず肩を入れると、胸の筋肉全体が緩みます。

また、力を加えて腰を入れたりすると、全身にその力が波及して、無駄な疲労が蓄積されます。かといって、腰が抜けた状態になると、前かがみになります。前かがみになるとよくないのは、気道が圧迫されるのと、頭が前に落ちて首から背中にかけての筋肉が緊張し、身体的に疲れやすくなること。それとどういうわけか、余計な想念が出てきやすくなることです。

これを避けるには、腰を軽く伸ばすように最小限の力をかけることを心掛けるとよいと思います（若干の猫背は許容範囲です）。

そして、肩・肘・手首・膝・足首から、関節を緩めるような気持ちで、意識的に力を抜き取ります。

今申し上げたすべては、深く静かな呼吸状態をつくり出し、維持するための技法です。とにかく気道を圧迫し、呼吸に負担がかかるようなことは絶対に避けねばなりません。

坐禅は「感覚解放」

「正身端坐」の精神状態については、次のように導いていきます。

第一段階では、上記の身体状態をつくり出し、これを安定させることに意識を集中します。特に余分な力がどこかに残っていないか点検し、姿勢のブレを正すことが必要です。ただし、呼吸は、これを意識的に静めようとすると、かえって荒れることが多く、むしろ身体状態の安定に集中していけば、それにつれて自然に呼吸も落ち着いてくることがわかるでしょう。

身体状態の安定がある程度得られたら、第二段階として、意識の方向を変え、最初に聴覚に向けます。これは強すぎる視覚の影響と次々に出てくる雑念を遮断するためです。

どうするかと言うと、あらゆる音を無差別に、吸い取るように「拾う」のです。何の音かは一切判断しない。言わば、「聞く」のではなく「聞こえている」だけの状態に持ち込むわけです。そうすると、最初のうちは、「自分の周りにはこんなにも音が満ちているのか」と驚くことでしょう。

これが深くなると、普段なら絶対に聞こえない程度の音が聞こえます。たとえば、線香の灰が落ちる音など（臨済宗の玄侑宗久《げんゆうそうきゅう》師も言っていました。禅僧には多い経験だと思います）。このレベルの「聞こえている」を換言すれば、「聞くことを聞いている」ような状態と言えるでしょう。

この状態は、感覚の作用として「受動態」です。聴覚は視覚などと比較して極めて受動的ですが、この性質を全開にするわけです。

したがって、こうなったときには、眼は見開いていて、すべてが見えてはいますが、もう何も見ていません。特定の「見る対象」はありません。

これがある程度できたら、第三段階として、聴覚で起きている受動的な感覚状態を、身体全部に拡大します。聴覚から意識を身体に振り替え、さらに身体内部にまで引き込んで、結果として、身体全体を内側から感じる、あるいは感じられるようにするのです。

皮膚の表面（というよりも身体内外の境界）にも何かが感じられるでしょうし、内臓も動いています。そうした感覚を、これまた、それが何であるのかを判断することなく、ただ徹底的に感受するわけです。つまり、私の行う坐禅は、「精神集中」ではなく、「感覚開放」なのです。

「非思量」という事態

この行為は「観察」ではありません。「観察」は「観察結果」を言語化できる行為で、そこには自意識が働いています。私が言っているのは、この類の「観察」やヴィパッサナー瞑想が言う「ラベリング」のような、能動的な意識作用ではなく、「ただ感受する」とでも言う、ギリギリ受動的な意識状態です。

この状態がある程度持続すると、身体がまるごと感覚の束、あるいは塊のように感じられてきます。あらゆる感覚が入り混じりながら点滅しているような印象です。問題は次で、この「感覚の束」を呼吸に預けるというか、乗せる、同調させるのです。

そうは言っても、これは意志的にすることは困難で、実際には乗る・同調するのを待つのです。もし乗ると、この感覚の束には、呼吸のつくるリズムが発生します。すると、感覚の束は、一定のリズムを持つ「波動」になります。

この「波動」状態が生まれると、私の場合かなりの確率で、突然「ガクッ」というか「ドン」という感じで、ある衝撃とともに、いきなり体の重心が底抜けするように落ちます。と同時に、仕切りが切れるがごとく、感覚が膨張して「外」に溢れだし、身体内外の区別が消失してしまいます（これは無我夢中的恍惚状態ではありません。極めて明瞭な、冴えきった感覚体験です）。

たとえば、足が痛いはずなのに、痛みを足ではなくもっと遠いところに感じたりします。テクニックで自意識を低減させると、身体の内外を区別する感覚も曖昧《あいまい》になり、痛みが拡散してしまうのです。

ここまでくるともはや「私である」ことの意味は解体され、自意識は融解《ゆうかい》してしまいます。この状態に自覚的に直面することを、道元禅師の説く「非思量《ひしりょう》」と言うのだと、私は考えています。そこにおいては、現れるものが現れるように現れるだけです。

この「融解」状態は、必ずしも「波動」状態の最後に発生するとは限らず、もっと手前の段階で起きることもあります。この方法で繰り返して実践していると、早く現れやすくなりますが、そのことに意味はありません。

あと、「感覚の束」が呼吸になかなか乗らないとき、人為的に乗せる方法があります（成功する確率は低い。「人為」の能動性が、それまで維持されていた受動状態を破るから）。それは、すでに腹式呼吸をしている下腹を意識的にゆっくり膨らませて息を吸い、次に下腹を徐々に絞るようにして息を吐く、これを数回繰り返すことです。この呼吸を最初は大きめに、次第に小さくしていく。すると、乗らなかった「束」が乗ってくることがあります。

私はおおよそこのような方法を使って坐禅してきました。その上で言えることが、「人間の自意識は、特定の身体技法で解体することができる」こと、「それを体験的に実証できる」ことなのです。そこから、「我々の自意識は、一定条件における行為様式から構成され仮設された、暫定的な事態にすぎない」と認識できるというわけです。

くどいことを承知で念を押しますが、この方法で出現する「波動」状態や「融解」現象は、「悟り」でも「見性」でもありません。ましてや、「本来の自己」ではさらさらありません。そう語ることは語り手の自由ですが、私に言わせれば、ナンセンスです。

巷では、今や様々な流儀の瞑想や坐禅が紹介されていますが、それぞれ理屈はついていても、結果的にどうなるのか、到達点は何なのかという話になると、そこで語られる境地は、驚くほど似ています。いわく「私が消える」「対象がなくなる」「自己と宇宙が一つになる」云々《うんぬん》――。要するにこれは、「非思量」と呼ばれる状態の別名でしょう。

だとすると、問題は、その状態や境地とそこに至るまでを語る、それぞれの語り口です。それを「涅槃」と言うのか「見性」と呼ぶのか、はたまた「非思量」と説くのか。さらに、そこには「ヴィッパッサナー瞑想」で行くのか、「只管打坐」か「阿字《あじ》観《かん》」か。はたまた「公案禅」か。その選択に個々の思想的評価の違いが現れるわけです。

どの立場を採用するかは、本人の問題意識、あるいは好み、そうでなければ、成り行きの違いでしょう。現在に伝わる経典の中に、ブッダ本人が自分の到達した境地に直接言及したと思われる文章がない以上、どの語り口が「真理」なのかを決める根拠は、一切ありません。

ちなみに、「波動」「融解」のような意識の変性状態では、時として特異な感覚が体験できる場合がありますが（意識が体を抜けるような感じ、あるいは下腹に熱源が生まれて何かが上昇してくる感じ）、これも「悟り」と同じで、どう意味づけ、どう語り出すのかは人の勝手ですが、それ自体に意味はありません。ただ、そうなる――というだけのことです。

Ⅳ 「涅槃」を考える

「死」と「涅槃（ニルヴァーナ）」の差異

このような坐禅による自意識の解体は、死を思わせるところがあります。仏教で「悟り」と並んで、あるいはそれ以上に重視される「涅槃（ニルヴァーナ）」というアイデアは、歴史的事実としては〝ゴータマ・ブッダの死〟です。

「ニルヴァーナ」は元来「吹き消された状態」を意味すると言われ、仏教的には「煩悩が完全に消滅した境地」とされます。後にこれは、肉体が残っているまま（生きている間）の「ニルヴァーナ」と、肉体も無に帰した（「死」）完全な「ニルヴァーナ」

に区別されます。前者は、「悟り」や「解脱」とほぼ同義でしょう。後者ならば、これまた絶対に「わからない」ことです。仏典にもそれが何であるか、明らかにする文章はまったくありません。

死は、ブッダが出家の契機となった苦悩の最たるものです。それが修行の後に「ニルヴァーナ」という究極の境地に意味が転換します。何が違うのかを考えるために、「苦」としての死から検討してみたいと思います。

まず、大前提として、死が何であるか、我々には絶対にわかりません。人間が「絶対」という形容をしてまず間違いないもののひとつが、死のわからなさです。

我々は決して死を「経験」できません。自分が死ぬときは経験の主体が失われるのですから、当然の話でしょう。

また、いくら他人の死を見ても、検証しても、死はわかりません。死は現象ではないからです。「他人の死」と言われている事象は、動いていた人間が止まり、そのままにしていると腐敗するという、一連の過程だけです。この過程のどこで死が「発生」したのか、誰にも検出できません。

だから、経験や法律で共同体が「死んだと決める」必要があるのです。決めるとは、つまり「判断」です。判断されて確定するものは「観念」です。すなわち死は、経験可能な現象ではなく、判断される観念なのです。

「死後の世界」の発想で、死は消去される!?

観念ならば考えようです。したがって、古来様々な死の解釈が行われるわけです。このとき、最もポピュラーな死の解釈は、要するに死の消去になってしまいます。それは、おおよそ次のような話になります。

もし、「自己」を実体と考えるなら、それは「自己」のうちに「自己」であることを根拠づける不変の何ものかあるということでしょう。つまり「霊魂」のようなものです。

この考え方によれば、死とは生きている世界から死後の世界に移動するだけです。その場合、死それ自体の意味は、ほとんど生と死の世界の境界にあるドアか門のようなものでしょう。時にはそこに門番や監視人がいて、生前の所業に従って先の行先

（天国／地獄）を采配するかもしれません。ということは、誰も「死なない」――。移動しているだけです。死は消去され、死ではなくなるのです。

この「移動」「ドア」的解釈は、古今東西、最も一般的な死の考え方です。それは不変の「自己」を仮設して、その存在の中に死を取り込み、死の絶対的「わからなさ」を解決しようとする試みです。

したがって、「ユートピア」は仏教の説くところではありません。それは「自己」であり続けたい人にとってのみ必要な世界です。自分であり続けること自体が価値であり、人間であることの価値だと思う人間が欲望する世界こそ、「ユートピア」なのです。

「無意味」で「わからない」まま、受け容れる

では、「無常」「無我」の立場からどう死にアプローチできるでしょう。それはまさに「自己」が存在することの「無常」として解釈されると、私は考えます。

たとえば、「どうせ死ぬのに、なぜ生きていなければいけないのか」と、人は考え

ることがあります。この問いは、生きていることの「意味」を問うことと同じでしょう。このとき、死は生きる意味への欲望として、死それ自体としてではなく、生の影として現象します。

ところが、死が何だかわからない以上、どんな意味を与えても、底なしの穴にものを投げ込むごとく、際限がありません。我々が生の意味を求め続けるのは、死が生と区別できないからです。

生の時間が断たれて、その後から死の時間が始まるのではありません。生の時間と死の時間は平行に流れます。死は影として生に輪郭を与え、穴として意味を吸い込んで、生に重力を与えるのです。

生が「生」としてイメージできるのは、我々が死ぬからです。「生きている」とは「死んでいくこと」――。禅の言葉に「脚下照顧《きゃっかしょうこ》」という語がありますが、その脚下にあるのが死です。つまり、死に侵された生こそ「自己」の実存なのであり、その事実が「無常」なのです。

だとすると、「自己」が生きる意味（＝「自己」の存在根拠）を欲望し続けることを止めてしまえば、死も無意味になるでしょう。この無意味でわからない死を、無意味でわからないままに受容することを、私は「ニルヴァーナ」だと考えます。その無意味を怖れることも、その無意味に憧れることも、無視することも欲望することもなく、ただ受容する態度が、「死」を「ニルヴァーナ」に転換するのです。

では、実践としてはどうするのか。基本はふたつです。

ひとつは、意味を欲望する自意識を解体する身体技法（坐禅）を習慣的に行い、「自己」の実存強度を低減する。

もうひとつは、同時に「自己」を「他者」に向けて切り開く。具体的には、他者との間に利害損得とは別の関係をつくり出す。その根本は、何か行動する場合に「他者」を優先することです。

ただ「他者」の優先は、他人の要求に無条件で従うことではありません。もしそうなると、他人から支配されことと同然になり、関係が窮乏して維持できなくなります。

大切なのは、「自他に共通の問題を発見して、一緒に取り組む」ことです。相互理解の土台はこの行動です。そして、仮にその行動から利害が生じるなら、そのときは一方的に自分が他者に利を譲る覚悟をするのです。

これは「他者に課された自己」をそのものとして受容する実践なのです。では、「他者の受容」において「自己の受容」が実現するとき、このことがなぜニルヴァーナに関係するのでしょうか。

「死」と同じように、我々には「他者」が絶対にわかりません。単にわからないだけなら、それもひとつの理解です。「他者」の「絶対的わからなさ」とは、わかるときもある、わからないときもある、わかったはずがわからなくなり、わからなかったのに突然わかったりする、もはやわかるかわからないかがわからないという、「絶対的わからなさ」なのです。

そのような「他者の受容」は、「死の受容」に「絶対的なわからなさの」の受容として、根底で通じているのです。

「他者の受容」の実践は「対話」をすること

このとき、受容の最初にして最重要の実践が「対話」です。他者との対話が成り立つのかどうかが、最も大切なのです。

他者と対話する場合、まず大事なのは互いに正解を求めないことです。対話しながらいきなり「これが正解です」と答えを持ち出されると、対話の道は閉ざされます。たとえば、自死願望のある人に、「自死はダメだよ、地獄に落ちるよ」と断定したり、「家族が悲しむよ」などと「正しい」ことを言ってしまうと、対話はそこで閉じてしまいます。

「無常」の立場からして、そもそも自死が絶対的な悪だと断定する根拠はありません。そもそも人間は自死ができるように生まれてきています。自死が絶対悪なら、それを選択できる人間の存在自体が悪になるはずです。

自死を思う人がいるとき、問題は自死の是非でありません。何が彼に自死を思わせているかなのです。

仏典を見ると、ブッダは自死に対して非常に曖昧な立場をとっています。戒律で自死を禁止しながら、死の床にある修行者の自死を認め、賞賛するような言葉が残されています。

仏教の考え方は、問題を明らかにすることからすべてを始め、これだけが正しい答えだというようなことは性急には言いません。対話の窓口を開くには、この方法が必要なのです。

対話によって問題を共有することができれば、答えを出すことを急いではいけません。

自死を思う人（彼）に、自死を止める理屈を言うことは、往々にして無駄です。そんな理屈は、彼もすでに重々承知です。承知の上で自死を思っているのです。だったら浅薄な理屈を言うよりも、彼との対話を続けていくことに努力したほうがよい――。対話が続いている限り、少なくともその間、彼は事実として死なないからです。

この過程で、自死への念慮が低減する可能性がある。なぜなら、自死願望の根底には「孤独」がある場合が多く、続く対話が彼の孤独を一時的にでも緩和するからです。

その緩和が己れの現状を見る視点を変え、自死以外の道を彼に開くことにもなるわけです。

「他者に課される自己」というアイデアは、言い換えれば「ある人間がそこにいるのは、他の人間との関係の中でそうなっているにすぎない」ということで、そうならば、ある人間の不調は「人間関係の不調ではないか」と予測がつきます。それを前提に話を聞いてみると見えてくることは多い。

「他者に向かって自己を開く」という実践の基礎は、このような対話にあると、私は思います。

まず坐禅という方法によって「自己」の無根拠さを自覚する。この自覚において、「自己」がそれ自体で存在するのではなく、「他者から課された自己」という構造で存在していることを認識する。このいわば「自己」の初期化から、再度「他者」といかなる関係をつくり出し、それによってどのように「自己」をプログラムし直して起動させるかを問う——。

先述した道元禅師の「悟った上にも悟る」とは、このような〝実践の反復〟を言うのであって、決して完結しない修行のことなのです。

＊

次章では、我々が生活していく具体的な局面で、この「問い」を考えてみたいと思います。

第四章

「現代」――生きるテクニック

話の前提

これまでの章で、私なりに理解する仏教の考え方を紹介しました。そこで本章では、現代の諸問題にこの考え方からどうアプローチできるか、述べてみたいと思います。

具体的な問題に取り組むとき、「無常」「無我」「無記」「縁起」の考え方、そして「坐禅の実践」を踏まえて、特に言っておきたいことは以下です。

第一は、好き嫌いなどの感情をすべて排除して、問題を冷たく見ること。

第二は、行き詰った問題に対して、そのときに持っている考えや思い込みを、とにかく一度捨てること。

第三は、問題の核心は、その問題をめぐる人間関係にあるのだと仮定して、どこかにある人間関係の歪みを発見し、解消しようと努めること。

この三つを前提に、私の思うところをいくつか聞いていただきたいと思います。

I　高齢化社会

「思い通りに死ねる」という幻想

私も齢《よわい》60を目前にして、人生の終わりを意識せざるをえないところです。ましてや世間では、「高齢化社会」の到来で「どうやって死ぬか」「死の準備をどうするか」が大問題のように喧伝《けんでん》されています。

「終活」という言葉を聞きますが、これは「就活」「婚活」と同じように、「死ぬこと」を〝自己責任〟と考えていることから出てくる発想です。

だいたい、「終活」が扱っているのは「死」ではありません。「死ぬまでの苦労」を見込んだサービスで、要するに生きているうちの自己決定・自己責任の範囲でなされる、純然たる「商品」取引です。

わたしは、このような倒錯はナンセンスだと思います。「死」を自分の目の前に置いて、「準備可能」だと考える発想がもう怪しい。人が準備した通り、つまり、思った通りに死ねるかどうかなど、誰にもわかりません。

その「準備」も、「遺《のこ》された人に迷惑をかけたくない」ということが動機だったりしますが、なぜ迷惑をかけてはいけないのでしょうか。どう本人が準備しようと、遺された者に手間がかかるのは同じことです。

結局、弔《とむら》いを含め、どう後始末するかは遺族の勝手で、生前の人間関係が良好なら手厚い弔いになるでしょうし、そうでなければ適当に処理されるだけです。死ぬ当事者の関わることではありません。

生まれてきたときの「迷惑」は一向に平気で、死ぬときだけ気になるというのも、考えてみればおかしな話です。要は、自分が死んだ後の評判を気にするから、そうなるのです。生まれてくるときには自意識がありませんから、そんなことは気にしたくても無理でしょう。

死んでしまえば、この世のことは終わり——。私はそう考えるべきだと思います。身内に残る自分の評判など、所詮些事《さじ》です。「迷惑」をかけ捨てにして一向に構わないのです。

「迷惑をかけてはいけない」という病い

ただ、我々の「迷惑をかけたくない」と思う気持ちは根深いものです。それは、「日本」と呼ばれる共同体で生きてきた人間における、倫理観の根底を規定しているからです。

「日本」には元来「絶対神」のような超越理念がなく、輸入されてもほとんど根付かないか、「超越」部分が骨抜きにされてから受け容れられます。すると共同体の倫理や道徳は「超越理念」に担保されず、直接共同体の秩序維持というテーマに集中していきます。好んで言われる「和」は、その意味です。

したがって、「日本」の場合、他者との関係性をどう維持調節するかが倫理や道徳の根本にあるわけで、結局「他者との軋轢《あつれき》や摩擦を最小限にしないといけない」ということが最優先されるのです。

このとき、数十年前までは、地域の暮らしで「お互いさま」という言葉が生きていました。実際、助け合わないと生きていけない毎日の中で、お互いに迷惑をかけたり・かけられたり、という関係が当たり前だったのです。この「迷惑」を織り込み済みの「和」であり、「ムラ社会（長いものには巻かれろ・出る杭は打たれる）」でした。

ところが、近代化の進展以降、「他人との軋轢・摩擦は最小限にしなければいけない」という倫理観は依然として根深いまま、次第に「自己決定・自己責任」が強調されるようになってきました。

このふたつが最終的に合体すると、「とにかく自分が他人に迷惑をかけてはいけない」となります。すると翻《ひるがえ》って、「他人に迷惑をかけられたら許せない」となるでしょう。

私はこの「迷惑」観が結果的に共同体を劣化させ、個人を生き辛くさせると思います。仏教は人間の実存を「苦」と喝破しました。だったらそれは、他者にとっての

「迷惑」的実存ということでしょう。ならば、人間が人間として実存する限り（成仏しない限り）、「苦」と「迷惑」は止むことはなく、それを許容しないということは、人間の存在を否定するのと同じことです。

「迷惑」を許し合う社会を再建する必要があると、私は思います。

「介護」には第三者の介入が不可欠

「高齢化社会」において、「終活」なんぞよりずっと厳しい問題は「介護」でしょう。

このとき、「親の介護は自分自身でやらなければいけない」と思い込んでいる人がまだかなり多いと、私は実感しています。要介護者となる親の世代の人たちには、子供が面倒見るのは当たり前と思っている、あるいはそう思いたい人もある程度いるでしょう。そうなれば、介護者となる人たちは「結局、自分がやらざるをえない」と覚悟するかもしれません。

私は、こうした「親孝行」的介護を尊いと思います。思いますが、昨今それが著しく困難になっているのも事実なのです。これは、私のごく周辺と、私自身に起きている状況でもあります。

この問題は、いま多くの人が感じている困難でしょう。つまり、親などの介護が主として家族（配偶者や子）に任されると（それが現政府の方針に見えますが）、人手が決定的に足りず、かつ一部の人間（主に女性）に負担が集中しやすいのです。

私は、介護を考えるとき、どのような形であれ、家族以外の第三者の介入は不可欠だと思います。それはつまり、家族関係に新たな人物を組み込むわけであり、関係自体の再編が必要なのです。実際、介護の開始はそれまでの家族関係を一気に容赦《ようしゃ》なく露《あら》わにします。

政治としての家族関係

私が常日頃思っていることは、およそ人間関係の根底は「ポリティクス（政治）」だということです。つまり、「利害関係」と「力関係」の調整です。これは国家だろうと家族だろうと変わりません。

ところが、夫婦や親子など家族関係のことになると、問題が常に「愛情」に還元されていきます。私はこれが錯誤の元だと思うのです。

たとえば、寝たきりの親の「体重」は、子の「愛情」で変わりません。愛情に応じて軽くはならない。介護はこの現実を露わにして、〝重さ〟を誰にどう配分するかを、直接問うのです。これがポリティクスです。

「愛情」のみで考えると、夫婦・親子などの家族関係は失敗する。そもそも政治的に安定しなければ、「愛情」も安定しません。

「いま権力を握っているのは誰か」「この人間関係に関与しているのは誰か」「その中でどう交渉すると、全体の関係がもっとも安定するのか」――、これが「政治」の問題です。家族関係にもこの問題意識が必要なのです。

私がこういう話をすると、聞いた人は大抵あっけにとられます。しかし、介護を例にとって話すと、誰もが納得します。

介護は普通、弱った人間を、強い人間あるいは元気な人間が、一方的に介護すると思われています。ですが、ポリティクスから言わせれば、それは違う。

なぜなら前述したように、介護が家族の中に封じ込められると、子などは介護をして当然、親などは介護をされて当然という「社会常識」にとらわれていきます。これは当事者の意識の問題ではありません。介護されているほうが「申し訳ない」とも思っているかどうかなどという感情の話ではないのです。

　そうではなくて、子は親を介護して当然だとする「世間の目」に自縛されていくのです。すると社会的には、助けてもらうことこそ当然となり、要介護者の立場のほうが強くなります。つまり、「権力」を介護される側が握り、介護する人を「支配」することになるのです。

　この「支配」があまりに強く介護する人間を圧迫するなら、「反乱」が起こるのは「政治」的に当然です。私は「介護殺人」と呼ばれる事件は、この「反乱」の悲劇に見えます。

わだかまりがあると「嫌な話」はできない

　大切だと思うのは、家族関係も根本は政治的な関係だと認識することです。それをどう政治的に安定させるか。

「家族の誰が関与するのか、しているのか」「いま関与していない人は今後どうするのか」、さらに「第三者を関与させたいのか」「どういう形で関与させたいのか」――、これらはすべてポリティクスです。

となれば、政治に先見の明、すなわち先の見通しが必要なように、介護はそれが問題になる前の段階こそが大切です。つまり、介護に至る前の、それまでの関係がどうだったかが重要なのです。

私の母は現在高齢者施設に入所しています。病に倒れる前は、出歩いてばかりいる私に代わって、住職する寺の面倒を一手に引き受けていました。「文字通りの『住職』は私」と彼女が言うのは、本当でした。

この「大恩」ある母親が80歳を超えた時点で、私はあえて母に問いました。

「元気なうちでないと聞きにくいから言うけど、お母さん、最後はどこで死にたいの？」「いよいよ動けないとなったときに、僕が決めていいの？」

母はそのとき、即答しませんでした。が、「施設に入ることは嫌」ということは、よくわかりました。

私は考えました。諸般の事情から、私が移動の多い生活を止めて、母の介護に専念することは不可能です。私の妻に全面的に依存することも無理でした。おそらく母はそれもわかっているに違いない。

ならば、もし倒れたときには……。私はそのとき、プランの骨子を立ててしまいました。あとは説得の仕方です。

この方法が成功したのは、そういう話を露骨にできるだけの関係が、すでにできていたからだと思います。

もし、それまでの親子関係が、あまりうまくいっていなかったとしたら、早いうちにわだかまりを解いておかないとダメだったでしょう。ある段階で、恨み辛みを全部ぶちまけて、親子関係のわだかまりを解除しておく。さらに言えば、お互いがお互いを許すことができなければいけません。そうでないと「嫌な話」はとても持ち出せません。

これは急にできることではありません。「事前」が大事なのです。

相手を許すか、諦める

それぞれの家庭、親子関係によって話の仕方はいろいろあるでしょう。ですが、わだかまりのある関係で、生き死にの問題を解決しよう思っても無理です。介護はほぼ一方的なサービスです。相手からの見返りはまず期待できません。介護者のほうにわだかまりがあるままでは、行き届いた看護ができるはずもありません。相手を許すか、諦めがつかない限り、介護はできません。

許すか諦められたら、とにかく割り切り、務めだと思って、手段を考えるのです。特定の誰かにかかる過重な仕事は長続きしません。

ついに母が倒れたとき、私は彼女が入退院を繰り返している間に、いくつかの施設を当たり始めました。私たち家族が頻繁に会いに行ける場所で、かつ親族の住む場所にも近いことが、最低条件でした。母の不安や孤独をできる限り除くためです。

その上で、まず私の事情を改めて説明しました。

「……というわけだが、そういう僕のウチに同居して世話されて、気楽にのんびりできる？」

「できない」

気丈な母は即答でした。

「だからと言って、鍋も持てない体力で、これ以上独り暮らしは無理でしょう？」

「……そうだね」

「だから、比較の問題で言えば、施設のほうが楽だと思うよ」

「……どこの？」

私はかねて準備していた数種のパンフレットを出して見せました。そして、費用の話を具体的に詳しくしました。これが大事です。要は、「政治」の話だからです。

どのような介護をしようと、当事者が裕福であろうとなかろうと、お金の話は避けられません。大事なのは、お金の話を関係者が全員納得することです。

なぜなら、お金で減らせる負担があり、ならば減らすべきだからです。大切な人を大切に扱いたいとき、長い間の無理はそれを妨げます。幸いにしてお金で解決がつくなら、それを厭《いと》うべきではありません。ある程度、割り切って、介護者の負担を計画的に減らすべきなのです。

私の場合は、母に冷静な理解があり、幸いにして資金の貯えがありました。この両方がないと、介護はかなりの負担となります。このとき、前者の「理解」は家族以外に本人を納得させられないにしても、後者の「資金」問題は家族内で解決のつかないケースも多いでしょう。

だとすれば、介護の不安を軽減する公的措置の拡充、特に安価な公営介護施設の増設とサービスの拡充は必須です。そのための増税は、皆が等しく甘受しなければならないと思います。この「迷惑」を当然として引き受ける社会をつくるべきなのです。

では、家族の介護はどうあるべきか。私の理想は、身体のケアは施設でプロに任せ、家族は入所者に頻繁に会いに行くことです。行動として会いに行き続けることこそ、最も重要だと思います。できれば毎日、そうでなくても最低週二回は確保したいところです。

もし、政府が本気で自宅での介護や看取りを推奨するなら、それが介護者の「無理な負担」にならない措置が不可欠で、施設介護並みの人員と費用の負担を公的に保証すべきでしょう。

「長生き社会」と「一人介護」

現代人は長く生きるようになりました。それを望まない人を「死なせること」はまだ社会的に認知されていません。本人が「死にたい」と言い、子供の一人が「死なせてあげたい」と言っても、家族全員ではその意向と一致しないかもしれません。さらに、親戚が関与してくることもあるでしょうし、財産がある場合、もめる原因になります。簡単には死ねないのです。

私は、「死にたい人が死ねる制度をつくるべきだ」と言いたいのではありません。そうではなくて、どう死のうと、死ぬまでの過程が、もはや簡単ではないのです。そのとき、介護を受ける段階で介護者の負担が大きすぎると、介護者は看取りの前に精神的にも肉体的にも破綻《はたん》してしまいます。

これがお金でなんとかなるなら、できる範囲でそうすべきです。いわば、「介護する自分を介護する」わけです。

お金の解決が難しければ、親戚や友だちなど人手を動員してくるしかありません。しかし、そのときに孤立していると、どうしようもなくなります。となると、介護前から、「迷惑」を許し合う人間関係をつくっておかなければなりません。

ところが、世の中には、たった一人で介護を担わざるをえない事情の人もいます。が、それは苛酷《かこく》にすぎます。

そもそも、数十年前まで、人が死ぬときは、家の中で多くの家族に見守られて死んでいきました。子供の養育と人の看取り、つまり人生の最初と最期は、多くの人手の中にあったのです。そこに一人が生まれて、そこで一人が死んでいきました。

今はそれができなくなってきたのです。二人の中に一人が生まれ、しかもその二人ともほぼフルタイムで働いている。したがって、どちらか一方に養育の負担が偏るか、二人が厳しい条件のまま子育てしないといけません。

そして、死ぬときも一人か、一人だけに世話されて死んでいかなければならないケースが急増しているのです。こんな過酷なことは、昔の生活ではそう多い話ではなかったでしょう。

かつての大家族は失われ、戦後は核家族となり、さらに近年は二人世帯や単身世帯が右肩上がりに増えています。今後、夫婦と子供たちで構成される家族形態は、あと何年もしないうちに世帯全体の3割を切ってしまうのではないでしょうか。

昔の家族も皆が皆、大家族ばかりではなかったでしょう。だったとしても、「ムラ」が家族を支えていたのです。近代以降は、解体した「ムラ」の代わりを「カイシャ」が果たしました。この「カイシャ」に家族を支える余裕がなくなれば、小さくなった家族は孤立して、介護の矛盾は最後に「一人」に集中していくことになります。「家族」と言い難い一人介護世帯の疲弊は、もう言うまでもないでしょう。

少子化や家族形態の多様化が進行して、結果的に子育てと看取りをただ一人の人間が行うような事態を放置し続けることは、時代の家族形態を規定している共同体の怠慢か無責任と言うべきです。

私の考え方は、周囲から「親不孝」ととられるかもしれません。もしくは、介護者自身がそのように自責することもあるでしょう。

しかし、今あえて言うなら、これはまともな看取りをするための工夫です。介護を必要とする人をめぐる人間関係を、土台から組み直す手段なのです。

この時代に、大切な人を大切にし続けるために、この組み直しが個人の努力ではなく、社会の責務として必要なのだと、私は思うわけです。

Ⅱ　人間関係

親子関係の不具合は、濃度の高さが原因

介護もそうなのですが、最近よく相談を受けたり、人伝えに見聞するのは、「親子関係」そのものが問題化している状況です。

今の家族関係は、濃度が高すぎます。少人数で、周囲から孤立し（「プライバシー」尊重）、閉鎖され（「近所付き合い」の死語化）、内部の圧力が強すぎる（「家族愛」信仰）から、一度不具合が起こると容易に回復しないダメージになるわけです。

その不具合は、多くの場合、相手への支配や依存による障害、そうでなければ無視

や虐待という、両極になりやすい気がします。つまり、関係が近すぎるか、遠すぎて、ほどよい「間合い」がとれないわけです。

家族関係もポリティクスだと言いましたが、昔は大家族で、メンバーが多かったので〝政治〟が複雑でした。その複雑さの中でナマの政治的関係を習得していったのです。

ところが今は、家族関係が小さすぎて、政治的な関係をまともに練習することができず、手腕が育ちません。したがって、すべてが愛情のような「感情」の問題に持ち込まれて、ステレオタイプな思い込みのまま相手をコントロールしようとする場合があるのです。

すると、特に親子関係では、単純な取引関係が「愛情」の中に仕込まれていきます。つまり、「(自分の)言うことを聞くなら、(お前を)愛してあげよう」というパターンの関係です。

典型的なセリフは、「あなたのためを思って言っている」「あなたのことは私が一番よく知っている」——です。そんな簡単な話ではないでしょう。親子も所詮は別人格の他人です。「あなた」の何がどの程度「私」にわかってそう言うのか、自省するのが先です。

大勢子供がいて、親戚が絡んで、隣近所がいるとなれば、人間関係、家族関係が複雑になり、ポリティクスは複雑になりますが、この複雑さがかえって家族関係の風通しをよくすることがあります。

こっちの関係が不調でも、あっちが繋がっていればなんとかなる。こっちでいじめられても、あっちで連合すればなんとかなる、といった具合です。そういうポリティクスの手腕を学べば、困難なときの位置取りができるようになります。メンバーが少ないと、これが難しい。

昔は何人も兄弟姉妹がいました。父親の横暴に、母親と子供が連合を組めば「父ちゃん、何を言っているんだ」と対抗できます。あるいは、父親を遮断する方法もあったでしょう。

母親が「まあ、しょうがないわね」とか言って、「もうお父さんはいいから、みんなで頑張りましょうね」という話に持ち込む。そこに「親戚のおじさん」が助け舟を出してくれるかもしれません。

これはたとえ話ですが、今のように家族が小さいと、このようなポリティクスの効きようがないのです。

家族からの「離脱」も選択肢のひとつ

私が不思議なのは、家族関係で「苦しんでいる」と自分で言う人が、だから家族から「離れる」とは、ほとんど言わないことです。

「だったら、家を離れてみれば」と私が言うと、非常に驚くか、「考えてはみたんですけど……」と俯《うつむ》くかです。なぜかリアルな選択肢として出てこない。

私は別に二度と会うなと言っているわけではありません。距離をつくり出したらどうだと提案しているだけです。

ポリティクスにおける力のひとつは、取り得る手段の選択肢の多さです。そして、人間関係において選択肢を持つためには、「距離」が必要です。近すぎる関係は、「選択の余地なく」相手の存在が前提になってしまうからです。

私の相談者には、ほとんど虐待に近い親の支配を受けながら、息も絶え絶えにその支配下で暮らしている人もいました。彼には「そこから逃げる」という当然の手段も思いつかなかったのです。

そのような人に言いたいのは、家族からの「自立」ではありません。即自立できる状況なら、そうすればよいと思いますが、とりあえず必要なのは「離脱」です。まず物理的に、次に心理的に距離をつくり出すことです。

これは経済的に「自立」できなくても、工夫（当事者間の交渉と取引、第三者や公的機関の支援）によっては可能です。逆に、経済的に「自立」しているのに、「離脱」できない人もいるのです。

いわば一度親子家族を初期化して、自分にとって必要な範囲に絞り込んで、関係をプログラムし直せばよいのです。私は親子関係が決定的に拗《こじ》れる前に、「離脱」を選択肢とすべきだと思います。

「愛情」はなくてもかまわない

今までにも述べた通り、親子関係も根底においてはポリティクスであることを、いつまでも「愛情」で覆い隠してはいけません。

「愛情」は強制することができません。「優しくしろ」と言われても、優しい気持ちになれなかったらどうしようもない。にもかかわらず、避けようもない関係が目の前にあるのです。ならば、「愛情」とは別に関係を動かさなければなりません。

「愛情」はとりあえず横におきましょう。当座はなくてもかまわないのです。まず、目の前の親あるいは子をどうやって動かすかを考えたほうがいい。優しくなれない自分に自責の念を感じたり、自分を責めたりするよりも、このまま動かさないとどうなるのかを考えたほうがよいでしょう。

どんなに仲の良い親子であっても、子は生まれて来たかったわけではないのに、親が一方的に生み、親子関係を勝手に始めるのです。もうこの段階で、ポリティクスです。一方的に生み出すことで強弱はすでに生じています。

これには二重の意味があります。生み出したほうが強く、生み出されたほうは弱い。

でも同時に、生み出されるほうには、自分の存在に関して責任はありません。生み出したほうには、その存在に責任があります。責任に関しては、生み出したほうの立場が弱い。この2つのバランスの取り方が、ポリティクスになるのです。

権力関係は、年をとるにしたがって均衡が変わっていき、最終的には生まれたほうが強くなります。ところが、先ほど述べたように、実態がそうでも、今度は最後の段階で、子は介護する社会的責任を負わされます。そうすると、ふたたび権力関係が逆転します。いつまで経ってもポリティクスは続きます。

社会的な強弱関係と親子の実際の関係がずれ、ポリティクスがさらに複雑になるのです。親子関係は構造的にそうなっています。愛情の下のポリティクスを見ながら、離脱を含め、関係を更新し調整するテクニックが、私は是非とも必要だと思います。

「学校」は想像以上に息苦しい

もうひとつ、問題なのは「学校」です。私はときどき、教員をしている人から相談を受けたり、学校時代のいじめのダメージから立ち直れない人たちと話をする機会がありますが、今の学校は親や大人が想像する以上に息苦しいのではないかと、私には思えます。

実は、私の父母は教員です。祖父母も3人が教員で、さらに叔父一人と妹が教員です。第一章でお話したように、その上病弱で休みがちとくれば、学校や先生が好きになるはずがありません。

発熱すれば、「せめて一週間くらいは休めないかな」と考えていた子には、学校が大好きで熱があっても登校するという同級生は、宇宙人のように見えたものです。保育園や幼稚園からして、どうして家が楽しく不満もないのに、毎日通わなければいけないのか疑問でした（私は結局、中退）。学校はなおさらです。妙な違和感がありました。毎日何か意識的に楽しいことを見つけておかないと学校に行くのが辛くなりそうな強迫観念が、頭の隅に居座っている感じがしていました。

友達とも遊んだのですが、それは要するに学校だけの「付き合い」でした。母が後日、お前はどうして家にまったく友達を連れてこないのか、とても不思議だったと述《じゅつ》懐《かい》していました。私にしてみれば、そんな「付き合い」は学校だけで十分で、「プライベート」とは峻別《しゅんべつ》していたのです。

私が自分の違和感の正体をはっきり悟ったのは、小学校5年生のときです。社会科の授業で工場見学があり、同級生の父親が勤めていた缶詰工場に行ったのです。

私たちが入っていくと、だだっ広い工場にはいろいろな機械がところ狭しと並べられ、その合い間に、白い帽子と白いマスク、白い手袋に白い服の従業員が立ち並び、彼らを縫うようにベルトコンベアが張り巡らされ、大量の缶が列をなして流れていました。

みんなでそれを眺めながら、説明を聞いているうち、私は急に、どうもどこかで見たことがある風景だと思い始めました。工場など、入るのはこれが初めてなのに、何か知っているところのような気がする。

私は妙な不安に襲われ、説明や見学など上の空で、どこで見たのかを必死で思い出そうとしました。そして、散々考えたあげく、ようやく思い当たったのです。「ああ、ここは病院と学校に似ている。缶詰はボクだ」と。

「馴染みの病院も、行くのが億劫《おっくう》だった学校も、工場そっくりだ。だから嫌なんだ」――。私は、医師には恩義を感じていたし、好きな教師もいたのに、なぜ、病院や学校に生理的な嫌悪感があるのか。そのとき私は、ありありとわかったのです。ボクが缶詰にされるからだ――。

「おじさんたちは、みんなにおいしく食べてもらえる缶詰を毎日一生懸命つくっています」と、門まで我々を見送ってくれた同級生の父親に言われたとき、私は、ぞろぞろと門から出て行く自分たちが、その先で待っている世の中の大人に食べられていくような感じがしていました。

工場は原材料から「製品」をつくります。学校は能力の備わっていない子供を社会に必要な能力を持つ「人材」に育て、病院は不健康な人を「正常」にするところです。つまり、この3つに共通なのは、不完全なものを、一定の規格に適合する完全なものに仕立て上げる場所だということです。

この「一定の規格に適合する完全なもの」を目指す限り、規格に自分を合わせようとする者は、規格を決める者に支配されるでしょうし、規格に合わない者は「不良品」としてその場から排除されます。

今の世の中の規格は生産と消費の経済効率が決めるとすれば、人間が生産や消費のために生まれてくるわけではない（生まれてきたので生産と消費をすることになったにすぎない）以上、一方的なそのような規格に嵌《は》め込まれれば、学校が根本的に息苦しい場所になるのは当然です。

これは、実際に児童や生徒が毎日「楽しく」過ごしているかどうかの問題ではないのです。構造的な息苦しさが、いざ日常に噴出したときに出てくる「症状」が、最近は深刻にすぎると言いたいのです。その典型が「いじめ」と「体罰」です。

「いじめ」と「体罰」の問題点

「工場的学校教育」は、同一規格の製品を大量生産・大量消費することが基本の経済システムと、そこに立脚する社会には有効です。

しかし、もはやそういう社会でなくなったなら、これは無意味です。無意味なことを続けていれば、不具合が起こるのは道理で、昨今の教育現場の「不祥事」はその辺りにも原因があるのではないでしょうか。

学校の「不祥事」の代表例は、「いじめ」と「体罰」でしょう。このふたつは、特定の目的に強く拘束されていて、効率よく目的に到達するための手段が厳しく限定され、外部に対して閉鎖的で内部の人間関係の緊張度が高い集団に起こりやすいのです。緊張度の高い組織は内部のメンバーにストレスが蓄積しやすく、閉鎖的な環境のせいでそのストレスを外部に放出しにくいとき、内部でのいじめが「ストレス解消」になるわけです。

昔のいじめには「ガキ大将」的人物がいました。この種のいじめは、彼を頂点とする人間関係の「政治的安定」を維持するための、手段のようなものだったのです。ところが、現在のいじめはゲーム同然で、いじめる側といじめられる側が安定せず、簡単に入れ替わり、「面白い」から行われるのです。

ストレス解消が決して喧嘩《けんか》にならないのは、集団の拘束が強く内部の協調が優先されるところで、その「和」を壊す喧嘩は「ストレス解消」の方法として忌避され、コストとダメージが大きいからです。

その点、いじめは複数の者が大抵は一人を攻撃する点、安全かつ楽で、効率の良い「解消」方法になります。

また、喧嘩になると、その規模によっては、第三者の傍観は許されない場合があり、時として巻き込まれやすいですが、いじめの傍観は簡単です。

体罰も同じような構造です。

体罰を「愛の鞭《むち》」「必要な指導」と考える「指導者」は、特定の目的を効率よく達成する使命に緊縛されているので、それを果たそうと「真面目に」「熱心」に取り組みます。

したがって、目的の達成を妨げるものはすべからく「悪」なのですから、「罰」して当然だ、ということになります。

ということは、「指導者」は閉鎖集団内で「正義」を実行しているのですから、自分の暴力に罪悪感を持つはずがありません。

また、彼に「指導」を任せた組織「上層部」も同じ意識を共有しますから、常にあからさまな暴力を「愛の鞭」と考えたがるのです。

さらに危ないのは、いじめや体罰は繰り返す過程で嗜虐《しぎゃく》的な快感が伴い、ついには中毒状態になって意志的に止められなくなることです。

いじめと体罰はエスカレートして犯罪に達し、「世間の耳目《じもく》」に触れるまで、当事者にはそれが「犯罪的暴力行為」だとまったく自覚できないのです。

教員にはもっと裁量権を持たせるべき

私はこの辺で少し発想を変えたらどうかと思います。

これからの時代、そんなに速く効率よく「規格品」を製造する必要はないでしょう。

私の父は戦後すぐに教員になったのですが、本人は別に、教育に情熱を傾けるというタイプではありませんでした。その彼がときどき思い出話をするとき、よく言っていたのは「学校がそこそこ面白かったのは、指導要領が出るまでだったな。好きなようにやれた」ということです。

いわゆる政府が示す「学習指導要領」は、「製品」の基本規格を決めるものでしょう。社会が共通に求めるスキルというものがあるでしょうから、そういうものを一概に全否定はしませんが、私はまず、学校現場、個々の教員に大きく裁量を任せるべきだと思います。

要は、共通に学ぶべき大まかな目的を据えたら、あとは基本的に現場の裁量で教育を考えたほうがよいと思うのです。

教員の数を増やし、一人当たりの担当生徒を減らし、教育内容を精選することです。さらに学校の形態を思い切って多様化し、かつ転校を容易にすべきです。

小学校は児童の可能性を発見する段階でもありますから、多様なことを量的に少なくやらせてみればよいと思いますが、中学生以降の学科は、大幅に選択制を導入すべきです。美術や体育、音楽などは教科である必要はありません。クラブ活動で十分です。高校は年間の必須単位だけ決めて、全教科完全選択制にすべきです。このあたりで自分の将来像を生徒がゆるく描き、それなりの「進路」を選べばよいのです。

ここに国の資金を投入することに躊躇《ちゅうちょ》すべきではありません。介護と教育こそ、いま最も国家資源を集中すべきところだと、私は思います。看取りと子育てに不安のある「現役世代」が、元気に働くわけがありません。

関係性を多様化すれば、「いじめ」「体罰」は減少する

いじめや体罰への対策で、最も効果的なのは、閉鎖集団を開いて、外部の人間の目にさらし、集団をめぐる関係を多様化することです。

自分の子がいじめられたり、体罰を受けたりすることを望まない親は、学校に介入すべきです。それは、ただ自分の要求を突きつけたり、不満をまくし立てたりすることではありません。

学校の「問題」を共有する覚悟と実践が必要なのです。学校に全部「任せる」というのは、要するに、過大な期待をしていることです。その過大さを自覚すべきなのです。

そして、行政と地域社会は学校を開いていく制度的手段を整えるべきです（学校と

保育園と介護施設を同じ敷地内に建て、交流させる程度のことは、試してみたらどうでしょう)。

もうひとつ、やったらよいと思うのは、全日制の高校に社会人を受け容れることです。高校レベルの勉強をやり直したい大人は結構いるはずです(私もそうです)。教員の負担を減らすという意味で、不可欠なのは、いわゆる「生活指導」「部活動」などから教員をできる限り解放することです。そのためには、親と学校をバックアップする専門の公的機関を整備する必要があります。

私の提案は稚拙《ちせつ》ですが、学校を外に開き、内部の人間関係の負担と緊張を軽減すべきことは、論を俟《ま》たないと思います。「ゆとり」とはそのことで、単純に学ぶ内容を減らすことではありません。

人間関係の「休息」を

いじめにしても体罰にしても、これら介護や親子関係の問題(虐待事件)にも通じるのは、それらが結局、当事者がポリティクスを行う自由を奪われているからです。

ポリティクスは、人間関係の「位置取り」の問題です。つまり、その位置をめぐる力や利害の配分を修正し、変換できるような余地があれば問題は解消しなくても、少なくとも軽減できます。つまり、ポリティクスの自由度は、「裁量の度合い」で決まります。

少子高齢化によって、人付き合い・近所付き合いが減り、家族が小さくなったこと。あるいは集団の閉鎖度と内部圧力の高まり。それらはポリティクスが成立する場所を奪い、裁量の余地をなくします。

ポリティクスにおいて裁量の自由度を上げるために重要なのは、実は「ポリティクスをしない自由」を確保することです。それは要するに、力関係と損得で人と付き合わないということです。

全面的にポリティクスを捨てることは、我々には不可能です。そうではなくて、私が言いたいのは、テクニックとして暫時・部分的にポリティクスを解除することです。

そのために重要なのは、まるで無意味で何の役にも立たない時間を意識的につくることです。言い換えれば完全な「休息」です。「○○のために××する」という行為の様式から離脱することです。これを我々の方法で言うと、「坐禅」になります。

もうひとつは、相手を利用したり支配しようとすること、また損得勘定《かんじょう》で人と付き合うことを、意識的にかつテクニカルに中止するのです。それは実際には、人間関係において他人を優先する態度を身に着け、自分が損をすることを織り込んで、人と付き合うということです。

人間関係で一番嫌なのは、付き合いたくない人と付き合わなければならないことでしょう。嫌でもそうしなければならないのは、そこに権力と利害が強烈に絡むからです。

こういう場合、私は相手から一歩引くべきだと思います。その上で、相手の好き嫌いを度外視して、自分と相手の間に横たわる共通の問題を露わにし、その解決に集中するのです。

解決の手柄と利益は最初から相手に譲るつもりで取り組む。すると、ポリティクスが緩んだ、あるいはそれをほとんど感じない関係性が現れる可能性があります。

そのような関係性は、ある意味、人間関係の「休息」です。損を覚悟しなければ本当の休息は得られません。この休息が「余裕」を生むのです。余裕ができれば、ものの見方が変わります。違う道が見えてくるものです。

損得を問題にするよりも、損得を左右する大元の問題を解消する方法を考えたほうがよい。それには、ポリティクスの中止を方法として使うというわけです。

Ⅲ　生き難さ

「前向きに生きる」必要はない

私が学校と相性が悪かった話は先にしましたが、相性が悪いどころか積極的に嫌いだったのは、卒業式をはじめとするあらたまった式典などに招かれた「来賓」などの大人がする挨拶でした。

私は不思議でたまりませんでした。彼らはまるで判で押したように異口同音《いくどうおん》に、「夢」と「希望」を持って「前向きに」「積極的に」生きるように訓示していきました。

しかも、これを「夢」も「希望」もすでに役に立たなくなったとしか思えない中年男が言うのです。何か錯覚しているとしか思えませんでした。

人はそもそも生まれたくて生まれたわけではありません。単に生まれてきてしまったにすぎない。今の自分も望んでそのような自分になったわけではない。つまり、最初から人間は〝受け身〟の存在です。「前向き」「積極的」などは、後づけなのです。

そんなこともわからないのか――。私が幼いころから根本的に大人を舐めていたのは、彼らの「死」についての無理解に絶望し、この安直な「夢」「希望」礼賛に辟易していたからです。

根源的に受け身の存在なら、ひたすら「前向き」「積極的」であろうとすれば、無理がかかるのは当たり前です。

私は「前向き」で「積極的」に生きなければならない理由は毛頭ないと思います。そうしたい人はそうすればよい。ですが、私は前向きだろうと後ろ向きだろうと、要は「生きていればよい」と思います。「消極的に」「後ろ向きに」に一生を全うできたら、それ自体、大したものです。

だいたい、大昔の人々は、「前向き」に「積極的」に「夢」や「希望」を持って生きていたのでしょうか。そんなはずはありません。彼らは毎日を懸命に生きていただけです。

二言目には声高に「前向き」「積極的」「夢」「希望」などと言い募《つの》るのは、早い者勝ちの市場社会が私たちに全力疾走を強いるためです。それに乗って走りたい人・走れる人はそれで結構です。しかし、みんながみんな走ることはない。

走っている人には足元が見えません。周りの風景も見えない。彼の現在は常に未来に投げ出され、彼の生は何かを失っていく。消極的に後ろ向きに生きた人と同じように、何かを失っていく。ならば、どちらでも一緒です。

「面倒」だと思ったら、降りればいい

「夢」「希望」の礼賛は、金利や投資で動く市場システムの意識への投影です。

金利や投資は未来と現在の「時差」から利益を生み出そうとする行為です。未来の利益を見込んで現在に資金をつぎ込む。これが意識に投影されると、「夢や希望のために今努力する」ということになります。

努力は報われることもあれば、報われないこともある。市場の損得と同じです。「夢」「希望」よりもっと露骨な言い方は「自分への投資」というセリフでしょう。

同じように市場が投影するのが、「個性」というアイデアです。これには貿易のような「空間的差異」で利益を得る行為が反映しています。違いが強調され価値化されるのは、それが利益を生む社会だからです。これをさらに露骨に言えば、「人材」という言葉になります。

友人関係が市場化すると、自分の「売り」を考え、どんな「キャラ」が似合うか迷うでしょう。「キャラ」とは売れる「個性」のことであり、「友人市場」における「人材」です。

私は市場経済を否定したいわけではありません。というよりも、もはやしたくてもできません。しかし、市場が経済から溢れて、人間の実存を覆い尽くすようになるのは、危険だと思います。

私は、このような「市場化」的状況から「降りてみる」という選択肢があってよいと思います。

たとえば、「何もかも面倒だ」と思うことがあります。若い人はよく「メンドイ」という言い方をします。実際、生きることは面倒であり、生きることは疲れることです。それでも生きる気になるかどうかが問題で、面倒でなくなることも、疲れなくなることもない。

もし何かが面倒なら、とりあえずそこから降りてみればよいのではないでしょうか。それが市場の煽る過剰な欲望（を持つこと・持たされること）から身を引かせるでしょう。

私の経験からすると、「面倒だ」という感情はほとんどの欲望に勝ちます。性欲にはまず確実に、時には食欲にさえ勝ちます。ただし、睡眠欲には勝てません。面倒だからと寝ない人はいないでしょう。

しかし、一生を寝たまま過ごせる人間がいるなら、彼は偉大です。なぜでしょうか。この世の不幸と悪は十中八九、必要なことをしないからではなく、余計なことをすることによって起こるからです。その余計なことを、多くの場合は欲望が引き起こすのです。

ある女子高生が言いました。

「やらずに後悔するなら、やって後悔するほうが良いって言うじゃない。だけど、やらずに後悔するなら自分だけのことですむけど、やって後悔したら、他人を巻き込むじゃん」

彼女は実に賢明です。

「幸せ」になるのをやめてみる

私は「夢」「希望」「個性」「前向き」「積極的」を強調し、それらをけしかける社会（過剰な市場化社会）は、必要以上に人間を疲弊させると思います。それは、現在を考えることを奪われているからです。

先のことばかりを考えざるをえず、今の自分はスポイルされる。ですが、今の自分がどこに、どういうふうにいて、何を考えて生きているか反省できなければ、先を見通すことなどできるはずもありません。

「就職」だろうと「結婚」だろうと、先で何かしようとするなら、現時点の自分の在り方が十分に見えなければ、アプローチの仕様がありません。

現在からの距離感を失った人間とは、ダイレクトにゴールだけを見ている人間です。走るためにはペース配分が必要です。しかし、自分の現地点がわからないからゴールまでどれくらいかかるかがわからない。これではペース配分を考えることはできません。ただ焦るだけ焦り、横から入ってくる情報に右往左往するだけの状態になってしまうでしょう。これでは疲弊するのも当たり前です。

ゴールにたどり着く道のりについてはわかっている場合もあります。しかしそれは、ゴール手前の30メートルからの道のりかもしれません。あるいは、500メートル前にいるのかもしれない。それがわからないと、30メートル前と勘違いして、500メートル前から全力疾走し、倒れてしまうのです。

距離感の喪失は、「なんでも好きなことをやっていいよ」と問うときに、「好きなことがわからない」と答える者にも現れます。

考えてみれば当たり前の話です。楽しいことは今しか感じることはできません。現在が落ち着いていない人が、自分が好きなことは何かなど、わかるわけがない。夢中になるのは「今」のはずです。生きる姿勢が未来に投げ出されてしまっていれば、現在は空洞になります。好きなことがなくなるのではなく、何も好きになれないのです。

では、どうすればいいのか。

一案は、「幸せになるのをやめる」ことです。

人が「幸せ」を語るときに不思議なのは、どういう状態が「幸せ」なのか訊いてみると、誰もが漠然とした話しかしないことです。

「幸せになりたいですか?」と聞くと、「ハイッ!」と答えます。「では、どうなりたいのか?」と聞くと、はっきりした返事はない。「旅行が好きです」とか、「おいしい物を食べる」と答える人はいます。

しかし、旅行が好きなら、旅行すればよいし、おいしいものを食べたいなら、食べればよいのであって、要は「好き」の範疇《はんちゅう》で収まる話で、特に「幸せ」を言う必要はないでしょう。

思うに、「幸せ」とは目標ではなく、結果です。「幸せになりたい」と目指すものではなく、「幸せだなあ」と結果的に思えることです。だから「幸せになりたい」と言いだすと、雲をつかむような話になるか、「幸せ」などと言うまでもない話になるわけです。

ならば、ことさら「幸せ」を言わなくてもよい。まずは幸せになろうと思うのをやめ、幸せとは何かを考えることもやめればいいと思います。それが現在を取り戻すということです。

とかく人は、「幸せになろう」と前のめりになり、「幸せにならなければいけない」というプレッシャーを受けがちです。そんなことがなぜ必要なのでしょう。

「幸せ」ということを100年前、200年前の人間が考えたことがあると思いますか？「今日はおもしろかったな」「今日はよかったな」とか、「やれやれ、今日も一日終わったな」その程度の話でお終いでしょう。

いちいち「今日は幸せだったな〜」と思わなくても、「ああ、一日終わったな」で十分です。朝になったら、「今日も一日が始まったな」でいい。振り返ったときに、積み重なったものを見て、「まああかな」と思えたら上出来です。その上「幸せ」だの「自己実現」だの……、余計なお世話と言うものでしょう。

消費することが、好きなこと？

世代論を迂闊《うかつ》にすべきではありませんが、私が思うに、「夢」「希望」「前向き」「積極的」の話が好きなのは、高度成長時代に「働き盛り」の青壮年期を過ごした、およそ1945～65年くらいに生まれた世代です（私もそうです）。

この世代の親は大正から昭和一桁《ひとけた》（1913～34年）くらいの生まれが多く、彼らは少年期・青年期が戦争の時代で、戦後に思想的な背骨を叩き折られています。「軍国教育」で植え付けられた価値観がある日突然否定され、それまで正しいと思っていたことがひっくり返って、信じていた、あるいは信じ込まされていた「真理」「大義」をぽっきりと折られてしまいました。いわゆる「墨塗り教科書」を手にした世代です。

この経験が、「信念」や「理念」を持つことに対して懐疑的にさせるのです。彼らは強く自分の価値観を打ち出すことをためらう最初の世代と言えます。だから、自分の子供に「お前の好きなようにしろ」と言い出したのです。

子である我々は、まさにこの「好きなようにする」ことを「自由」だと受けとりました。ということは、「欲望」と「自由」を区別しないということです。

すると、戦後社会において「自由」は最優先の価値ですから、「欲望」も同じように価値だと考えられるようになります（「消費は美徳」１９５９年の流行語）。

しかし、「自由」も「欲望」もそれ自体は価値ではありません。好きなようにできるとき、何をするかが価値を生み出すのです。

このとき「自由」とは、自ら為すべきと信じることを為すことを言うのであって、単にしたいことをすること（これを「欲望」と言う）ではありません。「為すべき（価値）」を自ら決めることができ、それを実行できることが「自由」なのであって、「自由」自体はそれが追求する「価値」によって、正当化されるのです。すなわち、「自由」は、あくまでも「価値」追求の手段として意味があるのです。

にもかかわらず、「自由」が「欲望」にショートカットされれば、「価値」を考える営みは等閑《とうかん》に付《ふ》されるでしょう。そうなると、人間の実存は、「価値」を媒介にする相互承認によって、自己の「存在する意味」を自認していくわけですから、価値の思考の置き去りは、実存を危機に陥れます。

その最初の兆候は「しらけ世代」と言われた1950年〜60年前半生まれに現れます。それ以前の世代は、まだ戦前の価値観が根強く残っていた親世代に反逆する「学生運動」世代として、「対抗価値」を自覚できました。

しかし、その後の学生運動の敗北を受けて次の世代は「しらけ」てしまったのです。「好きなようにしろ」と言われて、「消費（豊かになること）」以外に何を好きなようにしたらいいのか、当惑するようになったわけです。

「オウム事件」とそれ以後

この「価値欠乏」に耐えられなくなった世代の起こした最初の大事件が、オウム真理教事件（1995年の地下鉄サリン事件）です。「しらけ世代」の弟分的世代が起こした事件だと言えます。

事件の首謀者は、価値について考える訓練ができていない、しかも価値に飢えている世代の「欲望」を正確に理解していました。だからこそ、「エリート」の若者が荒《こう》唐《とう》無《む》稽《けい》な教祖の教えには嵌まり込んでいったのです。

彼ら「エリート」は「豊かになる」ことを目ざした時代の最終ランナーでした。ですが、バブルに行き着いた日本社会はもはや「欲望」が満たされてしまったのです。これ以上豊かになる必要がなくなって、行き場を失い当惑する「エリート」に差し出されたのが、あの「真理」だったわけです。

ところが、この下の世代、つまり「しらけ世代」が親になって育てた世代から現れたのは、「価値」そのものが機能しないような人間です。１９９７年に起こった神戸連続児童殺傷事件の少年Aがそれです。

彼らは「なぜ人を殺してはいけないのか」――、その問いに対して、すぐに答えが出なければ「殺してもよい」と結論する回路しか持ちません。答えが出ない状態に留まれないのです。考えるとは、答えが出ないことに留まることなのです。

「しらけ」たあと、与えられた「真理」を鵜呑《うの》みにして失敗した結果、彼らは「価値」を考える意志を持たないような状態に行き着いたのではないでしょうか。

「オタク世代」から「悟り世代」へ

1970年くらいから「オタク」という言葉が出てきました。

「オタク」は「マニア」とは違うように、私には見えます。「マニア」は所詮趣味の範囲ですが、「オタク」は違う。「オタク」は、自分が何者であるかというアイデンティティに直結しています。すなわち、今の世の中、一般の人の場合、職業がその「生産」行為において、アイデンティティを規定するのに対して、「オタク」はその「消費」行為において規定されるのです。

このとき、「生産」は先を見越してなされるでしょうが、「消費」の満足はその時その場で発生します。つまり、その価値は「楽しい」とか「かわいい」とか「好き」という、現在の自分において実現していて、どう見ても、前世代の強調する「夢」「希望」「前向き」「積極的」という先の話にはなりません。

この「オタク」的心性の熱量が下がると、「消費」にも消極的で、身の回りのささやかな「楽しさ」とそこそこの「好きなこと」に満足する「悟り世代」「草食系」になるのではないでしょうか。

「悟り世代」と称されるからと言うわけではありませんが、実を言うと、私は彼らに浅からぬシンパシーを感じ、期待をしたいところがあるのです。

と言うのも、彼らはまさに、「夢」「希望」「前向き」「積極的」礼賛世代の限界を画し、別の生き方を提示しているように思えるからです。

私はこの世代は「降りる」テクニックを持ち、前に身を投げ出すように「幸せ」を求めることに懐疑的だろうと思えるのです。

先にも述べたように、今50歳以上と目《もく》される経済成長世代は、経済も人口も拡大し続ける社会で、「夢」「希望」を持ち「幸せ（＝豊かさ）」になろうと懸命に労働し、職業をアイデンティティの基盤にしてきた人々です。

もう、この世代の生き方を可能にした社会的条件はありません。人口減の防止も経済の高成長も望めません。そしてＩＴと人工知能の技術が労働から人間を排除していく可能性さえあります。つまり、もうこの世代の「成功体験」は役に立ちません。彼らの言うことは、これからは基本的に役に立たないと思います。

ですから、ここから先は、まるで違う考え方が必要になるでしょう。

特に「夢」を持つことなどにこだわらず、自分の日常を喜び、自分が積み重ねてきたことを大切にする。そこから広げていく視野から、今まで見えなかったものが見えてくる可能性があるはずです。「夢」を見るから、見えなくなる大切なものもあるのです。

そうすると、何を自分が狙ったらよいのか、どこを目指すほうがよいのか、「前向き」世代とは違う選択肢があるに違いありません。あとは、それに向かってトライ&エラー、試行錯誤に耐えるのです。8勝7敗で十分です。そして、「前向き」世代の「先例」は今後急速に役に立たなくなることを、覚悟しておくべきです。

「嫌ではないこと」は続く可能性がある

今後を考えるとき、私が思うのは、「自分の好きなことをする」という選択の基準を、「何をしたら人の役に立てるか？」という基準に転換したほうがよい、ということです。

「嫌」なことを無理にせよと言っているのではありません。そうではなくて、「他人の役に立つ、嫌ではないこと」をしたらよいと思うのです。

何が「好きなこと」「やりたいこと」なのか、実は簡単にはわからないものです。ならば、とりあえず嫌でないこと、誰かの役に立つことをすればよいのです。私は住職として「好きで」葬式や法事をしているのではありません。

しかし、嫌ではありません（そもそも葬式や法事が好きな人はそういないでしょう）。それで30年、続いているのです。むしろ「好きで」やっていたら、「飽きて」できなくなったかもしれません。

私は「好きなことをやれ」と言われて育ってきましたが、若い頃言われて一番嫌だったのは、「将来何になりたいの？」という質問です。中学生の頃からずっと嫌でした。僧侶になってからもよく「お前は一体何をやりたいんだ」と言われました。

やりたいことは何もない――。どうやって、今日一日を終わらせようか、「うれしかったこと」や「ああいいな」と思ったことがあれば、幸運ですが、それだけです。それより目の前の問題をどう扱うかでした。

大学生の頃も、出家してからも、「あなたみたいな人は、大学で哲学をやって学者になればよかったじゃない」と言われました。

しかし、私は別に哲学をやりたいわけではない。「死ぬとはどういうことなのか？」が知りたいのです。文献を調べて、この哲学者はここでこういうことを言ったなどと書きたいわけでも、研究したいわけでもありません。

自分の問題にアプローチするのに、道元禅師や釈尊に強く共感する以上、出家という方法を試してみようと決めたのです。それだけですから、僧侶の生活が「好き」でもなんでもないことは当たり前で、「嫌」でなかったから、やってきただけです。「まあ、いいか」くらいでやっていくのもひとつの方法です。嫌ではないことを続けていくと、積み上がっていくものがあります。すると、頂上も違ってくる。

友の生き方

永平寺で修行をしていた際、同期に非常に優秀な修行僧がいました。出家したその年からあちこちからスカウトがかかったほどです。彼は三男でしたから、娘さんしかいない数多《あまた》の大きな寺の住職からから「婿《むこ》」に来るよう誘いを受けていたのです。

あるとき私は彼に、「いま婿の話はどのくらいあるの?」と聞きました。「両手では足りない」という答えでした。ところが、話は一向に決まらない。彼とは丸6年一緒にいましたが、全部流れていました。

そもそも彼は、大きな寺に行ってどうこうしたいという人ではなかったのです。では、何か「やりたい」テーマや志があって僧侶になったのかと言えば、それも違いました。

あるとき、彼は言いました。

「実は出家したとき、本心で僧侶になる気がなかった。師匠に途中で辞めてもいいから修行に行ってこいと言われてきた」と。

その彼が僧侶として生きる覚悟を固めたのは、ある老師と一対一で問答する機会があったからです。

そのとき彼は、こう質問したのだそうです。

「僧侶になる気がないままで修行にきました。世の中には、修行がしたくてもできない人もいます。僕みたいな者がこんなところにいてもいいのでしょうか?」

すると老師は、

「君、同じ質問を、もう3年経ったらもってきなさい」

と言ったそうです。

「大馬鹿者!」くらいのことを当然言われると思っていた彼は、拍子抜けして「じゃあ、もう何年かはいてみようかな」と思って、「とりあえず」修行を続ける気になったそうです。

しかし、「3年経って、ちょっとわかった。出家のとき、頭で考えていたらダメだっただろうな」と、修行が6年を迎えたとき、彼は言いました。

「とりあえず」を積み上げる

彼のこの話を聞いたのは、私も6年目、しかも、もう修行はやめようかなと思っていた頃です。

「もう降りようかな」

と彼に言うと、

「降りてもいいと思うけれど、本当に降りたいの？」――。

そして、考え込んでいる私に、彼は今の老師との話をしてくれたのです。

「2年が過ぎて突然、老師は役職を辞して引退してしまった。驚いたが、そのまま成り行きで3年目になったとき、考えたな。今年はこうなるかもしれない、だったら取りあえずこうしていよう。

で、それは次の年になっても同じだった。今年はこうなるかもしれない、取りあえずこうしよう。あとはその繰り返しでやってきた。そうしたら3年目には3年目に見えるものがある。4年目には4年目に見えるものがある」

さらに、

「だから、君も僕も6年目で見えるものがあるさ。そう思うようになってから、坊さんの生き方も見えてきた。老師の『3年たったら』の意味がわかった気がしたな」

彼は結局、大きな寺の住職にはなりませんでした。婿入りの話は全部なくなりました。彼が選んだのは、ほったて小屋のような本堂がぽつんとある古寺でした。私は思わず言いました。

「大丈夫か？」

すると彼は、

「いいんだ。俺はここから始めるんだ」

あれから数十年経ちました。

最初の数年で檀家の支持を得て、本堂を修理し、境内を整え、今や彼は地域の僧俗の信頼を集める堂々たる住職です。

積み上げた時間が見せてくれるものがあります。空を見上げて飛ぶのではなく、地面に土を積んで見えるものがあるのです。夢や希望などなくても、とりあえず何日生きていこう、とりあえずこれをやっていこうと日々を重ねるうちに、気がついたら大きく開ける視界があると、私は思います。

大事なのは、そういった自分の行いを通じて、他人とどのような縁をつくっていくのかということです。それが自分の行く道を開くのです。

すなわち、「何をすれば誰の役に立つのか」を問い続け、とりあえず為すべきことを為す――、そういう生き方があると、私は確信します。「夢」や「希望」は、あってもよいが、要りません。

Ⅳ　居場所

「居場所」と「立場」

このところ、どちらかと言うと若い女性たちから聞くセリフに、「ちゃんとする」というものがあります。不思議なのは、そう言う彼女たちは「ちゃんと」働いていて、「真面目に」暮らしている人がほとんどです。

私から見て「ちゃんとしているじゃないか」と思える人間がどうして「ちゃんとしたい」と訴えるのか、その感覚がよくわからなかったのです。

「ちゃんとしたい」と言うからには、周囲はともかく、彼女たち自身は「ちゃんとしていない」と思っているのでしょう。努力はしても、そこに到達できないと感じているのだろうと思います。

同じようによく聞くのは、「自分には居場所がない」「居場所が欲しい」というフレーズです。

「居場所」とは、もちろん住居のことではありません。自分が安心していられるところ、その存在が肯定されるような人間関係の中にいることを言っているのだと思います。

私は「ちゃんとしたい」と言う人は、この「居場所」に不安があるのではないかと思います。あるいはしかるべき「立場」を得ていないということです。「居場所がない」は「立場がない」と同義語かもしれません。

我々の最初の「居場所」は、大抵は親が提供してくれます。しかし、この「居場所」の問題は、一方的に与えられる以上、選択できず、いわば「居させられてしまう場所」だということです。

したがって、不幸にもそこが「居場所」どころか「生き地獄」になるケースさえあるわけです。

その後長ずるにしたがって、親の提供する「居場所」は失われ、他人とのポリティクスの中で「認められて」、自分の「立場」を得て、そこを「居場所」としていくのです。

この場合、「居場所」は「立場」と違って、無条件に自分の在り方が肯定される関係性であってほしいわけですが、それを親以外から得るのは、現実には至難です。「立場」はポリティクスに失敗すれば失われ、いまだ「居場所」はないとすると、その不安が宗教や政治的なイデオロギーに向かうことがあります。宗教やイデオロギーが主張する「価値」に媒介されることで他者と強固な関係をつくり出し、相互承認によってそれを「居場所」にしようとするのです。

しかし、それも結局、「価値」にコミットする限りでの「居場所」です。「ありのまま」の自分を肯定してくれるわけではありません。そもそも、仏教やキリスト教など、「個人」「自己」の実存を問題にするような宗教には、その根本に「ありのままの人間はダメ」という発想が根本にあります。

「ありのままで大丈夫」なら、イエスが十字架で贖《あがな》うこともないでしょうし、ブッダが「解脱」を説くはずがありません。

「居場所」はなくて当たり前

私は「居場所」を断念する生き方もあると思います。それは結局、我々は「終《つい》の棲《すみ》家《か》」を得られず、とりあえずの「仮住まい」を繰り返しながら生きていくのだと、覚悟を決めるということです。

なぜなら、「ありのまま」でいられるところを「居場所」と言うなら、この「ありのまま」というアイデアが幻想だからです。

我々は、「私」であることを他者から与えられ、他者との関係から維持しています。ということは、「ありのまま」の自分は、すでに常に他者に浸透されていて、他者への配慮なしには成り立ちません。つまり、「ありのまま」の自分であろうとしても、その「ありのまま」を「よい」と肯定してくれる別の「他者」がいない限り、そこは「居場所」にならないのです。

すると、「ありのまま」でいる「居場所」も結局、他者とのポリティクスでつくり出すしかありません。よほど幸運ならば「親」的人物を得て、彼や彼女が無条件で「ありのまま」を肯定してくれるでしょうが、それは滅多にないことです。

となれば、「居場所」はポリティクス的「立場」と変わりません。そこに「安心できる」「終の棲家」はないのです。

この「居場所」への欲望こそが、人間の人間たるゆえんの、根源的な欲望です。仏教はこれを断念せよと言うのです。

問題は断念の仕方です。普通は「居場所」を求めないようにする、というのが断念でしょう。ところが、仏教は「居場所」ではなく、求める「自分」を消せばよいと考えるのです。

「居場所」を求めるのは、「ありのまま」の自分に意味と価値があると思うからです。ならば、まずその「思い込み」を解除してしまったらどうか。自分の人生など、所詮大した問題ではない。ならば、どこにいたって同じことです。

「遊行」、あるいは「行雲流水」

「居場所」が「ありのまま」でいられるところだとするなら、その「ありのまま」には「それでよい」と肯定されるに足る根拠が必要です。が、それはない。かりそめの根拠は他者から調達できるが、「ありのまま」そのものの内部にはない。それを仏教は「諸行無常」と言うのです。したがって、仏教は「居場所なき思想」なのです。

ゴータマ・ブッダは、出家後、一か所に定住したことがありません。生涯諸国を遍歴しつつ教えを説いたのです。それを「遊行《ゆぎょう》」とか「行脚《あんぎゃ》」と言います。後に禅宗では「行雲流水《こううんりゅうすい》」と言いました。「行く雲の如く流れる水の如く、一か所に留まらず修行する」という意味です。修行僧を「雲水《うんすい》」と呼ぶのも、これが語源です。

「遊行」が修行者の理想の生き方だとするなら、それはまさに「居場所」を求めない態度です。言い換えれば、「とりあえずの居場所」でやっていく、「仮住まい」の生き方です。

私が出家して4、5年経ったころ、父がしみじみ言ったことがあります。

「お前は所詮、体《てい》のいい放浪者だな。どこにいてもそうだ」

師匠は、私の住職就任式の挨拶で、あろうことか檀家さんの前で言いました。

「皆さん、こいつはマグロです。泳いでいないと死んでしまう。どうか一か所に止めないで、泳がせてやってください」

二人は正しく私の理解者でした。私は「ふるさと」がわかりません。出身地は長野市ですが、土地に絡んだ大した思い出もないし、出家以後の寺院との縁を別にすれば、懐かしい人物などいません。そういう感覚がないのです。

ずっと求めていたのは、安心して死ねる「死に場所」でしたが、人間いつ死ぬかわからないのに安心も何もないということは、思春期前にはわかっていました。

それでも、なんとかなるものです。時に折り合いをつけ、時にやり過ごし、どこかに損得を度外視した縁をつくりながら、見えてきた道をとりあえず歩く。ゴールを目指してひたすら走るのとは別の、そんな生き方がある――と私は思っています。

終章

「若い友へ」――理由なき生のために

仕方なく生きる

私は来年（2018年）60歳になります。ですから、君たちのような若い人の気持ちなどは、わかりません。

しかし、私にも若い頃はあった。その頃のことを思い出しながら、いま坊さんとして何が言えるか考えれば、多少は君たちの役に立つことも話せるかもしれません。

私が中学生の頃、「自分の夢や希望通りに生きられる者は、同級生の中で1割もいないだろう」と考えていました。夢に破れていくことのほうが圧倒的に多いはず。だったら、夢が破れたとき、どう生きていくかのほうが大事です。

夢と希望の通りに生きていくことができる人は、それでまことに結構です。しかし、そうできないなら、夢と希望を失っても、それでも生きていこうとする人のほうに、私は共感します。

当時そんなことを考えていたのは、そもそも「自分は何で生まれてきたのか」というような問いにとらわれていたせいでしょう。

たとえば私たちは、成長とともに女の子や男の子の目を意識し始めます。「もうちょっとカッコよく、もうちょっと頭がよく、もうちょっとましな顔で、裕福な家に生まれたかった」というようなことを考えます。あるいは逆に、何かに挫折したとき、「なんでこんなふうに生まれたのだろう」と考えてしまいます。私は体が弱く、ハンディキャップが大きかったので、なおさらでした。

しかし、これはいくら考えてもわからない話です。誰に尋ねても、たぶん言葉になって返ってくることはない。それでも、すでに生きている。答えがないからといっても、死にたいわけではない。ならば、わからないまま生きることを引き受けるしかないわけです。

誰かのせいにしてしまえれば楽です。でも、そういうわけにはいかない――。

一度、親と喧嘩になって、「産んでくれって頼んだわけじゃない」なんてことを言いたくなり、実際父親に言ってみたら、即座に「それは俺も同じだ」と笑われました。人間は皆そんなものだと思う以外にありません。

だが、生まれてきてしまった事実は歴然とあります。人がなぜ生まれてくるか――、結局わからないことだと思っても、やっぱり何か理由が欲しくなる。

いつか死ぬとわかっていても、それもまた、なぜ死ぬのか誰も知りません。死んだ後の話をしてくれる人はいます。しかし、なぜこのような死があるのか、「死」という言葉は何を意味しているのか、という話をしてくれる人は、誰もいません。

中学生の頃の私は、何がなんだかわからない感じで生きていました。

意味があるから生きているというのなら簡単です。でも、意味がわからなくても生きている。その不安を抱えながら生きていく人が、実は世の中には大勢いる。

前に言った通り、才能も豊かで、容貌にも恵まれ、人に褒められて楽しく生きている人は、それはそれで大変結構です。

しかし、そうでない人もいる。「仕方がないな」と呟《つぶや》きながら、望んでそうなったわけではない「自分」を引き受けて生きていく。むしろそれが、多くの人の生き方でしょう。

人は役に立つために生まれてきたわけではない

なぜ生まれて、なぜ死んでいくのかは、誰にもわかりません。色々な理屈を言う人はいます。宗教に関わる人たちの中には、大きな声でそういうことを言う人もいるでしょう。

しかし、生きる意味だの目的だのなどというのは、結局、後づけの「物語」です。なぜ生まれて、なぜ死んでいくのか、それがあらかじめ決められているというのは、所詮思い込みです。本当か嘘か、誰にも確かめようがありません。神が出ようが仏が出ようが、私はその種の話には一切リアリティを感じないのです。

ということは、私たちは最初から何かの役に立つために生まれてきたわけでもないわけです。もしそうならば、何の役に立つのか自然にわかるように生まれてきたことでしょう。

実際には、私たちは無意味に、無目的に、理由も根拠もなく、ただ生まれてきただけです。だとすれば、そんな人間たちに、世の中で何が役に立って何が役に立たないかなんて、簡単にわかるわけがないのです。還暦《かんれき》目前の私にもわからない。

何が役に立つのかは、実際に生きてみて、失敗を繰り返しながら、結果的にわかるものです。生きているということそのものは、役に立つか立たないかなどとはまったく別の話なのです。

要するに、「勉強」と同じです。おそらく君たちもそうでしょうが、私も学校の勉強が何の役に立つのかと疑っていました。この先生きていくのに、こんな知識は必要ないじゃないかと。実際、生活の必要だけなら、小学生レベルの勉強で十分でしょう。しかし、勉強は役に立つかどうかではない。勉強は、我々が今より自由に生きるためにするのです。

生きていると、とても切ない目にあったり、ひどくびっくりしたり、どうしたらよいだろうと、迷ったり呆然《ぼうぜん》とすることが必ず出てきます。そういうことに直面したとき、最後には自分で行うべきことを決断しなければなりません。

決断とは選択です。そして、この選択できることこそが「自由」の実際なのです。だとすれば、選択するには選択する対象、すなわち選択肢を理解していなければなりません。考えなければなりません。考えるためには、材料が必要になる。

勉強は、自分で考える材料を集め、考え方を学び、考えて自ら決めることができるようになるためにするのです。そこに「自由」の土台がある。

だから、勉強が何の役に立つのかは、あらかじめわかるものではない。まず勉強してみて選択肢を広げた結果、色々やってみて、なるほど役に立つこともあったとわかる、ということです。

生きることもそうなのです。役に立つために生まれてくるのではなく、生きていると役に立つこともある。それでよい。そして、誰かの役に立とうと自ら決めるとき、そこに人間の「善」が立ち上がってくる。それ以外に「善」の存在する余地はありません。

「あなた」による「私」

要するに、性急に「結論」を求めてはいけないということです。

生きていると、苦しい、切ないことがたくさんたくさんある。生きようか、死のうか、と思うときがあるかもしれません。このとき、生きていたほうがよいと最初から結論が決まった話ではないのです。

所詮、生きるか死ぬかは、〝決断〟だけです。「生きているべき根拠」だとか、「生きていなければならない理由」といった、理屈で割り切られて納得するようなことはないのです。

死ぬと決めた人は、どんな理屈を言われようが死ぬでしょう。だいたい、生きねばならぬ理屈があるなら、それが理屈である以上、反対の理屈、死んでもよい理屈が出てきます。

だから、私は死ぬことを悪いことだと一方的に断定する気にはなれません。そんな理屈は、無意味です。ただ、なんとか死ぬのを思い止まって、生きてほしいと願うだけです。死を選ばず、生を選んでくれるように、祈るだけです。

どんな人にも、生きていなければいけない理屈はありません。これは理屈ではなく、生きようという決断なのです。その決断に力を与えるのが、他者との〝縁〟だと、私は思っています。

思うに、生きている意味や価値は、どこかにころがっているわけでも、自分がつくるものでもなくて、他者との縁で育てていくものです。人から認められたり、人と繋がったりしている中で、実感として得られるものであり、突然発見できるものでも、考えてわかるものでもありません。

「他者との縁」などと簡単に言ってしまうと、そんな「縁」はあってもなくてもよいように聞こえるかもしれませんが、それは違います。

「自分である」という根拠は、自分の中にはありません。他人にあります。身体という物質としての自分も、命名に始まる人格としての自分も、「親」という他者から与えられて、ついに「自分」になるのです。その与えられた「自分」を受け容れられるかどうかの問題でしょう。だから、生きようという意志は、他者との関係の在り様にかかっているわけです。

小さいころから親をはじめ周囲の人たちに認められ、愛されてきた人なら、生きていくのは楽かもしれません。しかし、世の中はそういう人たちばかりではない。中には非常に辛い思いをしながら、あるいは親からも理解されないで生きてきた人もいる。そういう人が死にたいと訴えるときに、それでも生きろということを、理屈で言っても無意味です。

厳しい環境に生まれてきたとしても、その生まれてきた本人には何の責任もない。だから、死んではいけない理屈は立たない。しかし、それでも、今の自分を引き受けて生きるんだという決断を、私は願うのです。

この決断こそが人間が生きる意味と価値を生むのだと、私は思います。この世に倫理が可能になるのは、この決断によってなのです。私が深い敬意を覚えるのは、そういう困難な決断をする人たちに対してです。

生きる価値や意味が無条件に存在するわけではありません。たとえ困難でも、あえて自分を引き受け、いつか訪れる死をめがけて生きていく、その人の意思と勇気だけが、地上に意味と価値をもたらすのだと、私は考えています。

「自己」とはあいまいなもの

したがって、「自分」「私」「自己」と呼ばれているものは、それほど確かな根拠と、明らかな輪郭を持って存在しているのではありません。もし根拠も輪郭もハッキリしているとと言うなら、人はそもそも「自分探し」などしないでしょう。「本当の自分」などを求めないでしょう。

私たちの社会が「所有」すること、それもお金を持つことに異常に拘るのも、実は「自己」の不確かさに由来します。

「所有」とは、要するに思い通りにできること、捨てるも壊すも含め、対象を思い通りにできることです。この「思い通りにする」行為を繰り返すことで、「思う自分」の強度を上げ、不確かな「自己」の根拠の代用にしようというわけです。

ですが、所詮、代用にすぎません。だから「所有」の欲望は際限がなくなります。「自己の根拠」などという、ないものを欲望しているのですから、当然のことです。

このとき、具体的な物は、欲しいと言っても限度があります。どんなにおいしい物でも、胃袋の許容以上には食べられません。際限ない所有の対象になるのは、お金だけです。

お金は「何でも買える」というアイデアを塗り込んだ物体です。物自体に大した価値はないのに（一万円札が一万円もするはずがない）、「一万円」として通用するのは、具体的な物体ではなく、「一万円分のものが必ず買える」という制度化された幻想があるからです。

これは幻想で、具体的な物ではありませんから（ただの数字）、際限なく所有できます。すなわち、「お金が欲しい」とは、物が欲しいということではなくて、「欲しいものが欲しい」という状態に陥ることです。だから、実際の物の需要の何十倍もの貨幣が、この世の中に溢れているのです。もしいま、お金と物を一斉に交換したら、大半のお金は紙くずか、ただの数字です。

これが、我々のお金への欲望が、実は「自己」の存在根拠への根源的な欲望だという意味です。

「我思う、ゆえに我あり」はフランスの哲学者で数学者のデカルトの言葉ですが、現代は「我所有する、ゆえに我あり」とも言うべき状況で、持たない人間は存在しないのと同然です。

逆に、持つ人間は過度に自己愛的になり、「人の心もカネで買える」などと言い出すわけです。問題は、そういうことを言う人に一定の支持と共感が集まることです。

「人の心もカネで買える」と言う人は、要するに「人を支配したい」のでしょう。支配することで、自分の力を実感したいのでしょう。

大切なのは「他者」との関係を豊かにすること

しかし、それは錯覚です。自己が他者によって立ち上がるなら、大事なのは他者の支配ではなく、他者との関係を深く豊かにすることです。それは、相手を思い通りに支配するという欲望の外へ出ないと、決してできないことなのです。そうでない限り、生きることに勇気や意味を与えてくれるような関係を他者と築くことは、金輪際できません。

他者を思い通りにするということであれば、それはもはや他者ではありません。物の所有も同然で、ただ「自己」が幻想の中で肥大していくだけです。

である以上、生きていくことは面倒なのです。自分自身が自己決定で生まれてきたわけではないのですから、内部に自己の存在根拠を持ちえません。それどころか、他者からほとんど強制されて自分にならなければ生きられない構造になっていると言えるのです。これで「生きるって素晴らしい」などと手放しで言えるはずもない。また、言える人には、少なくとも仏教は必要がない。

私たちは、存在すること自体に最初から困難を抱えている――、仏教の話はここから始まります。

だとしても、困難だから死ぬとか、嫌になったから死ぬとかいう話にはならない。そんな切ない自己を引き受けて生きる――。これが仏教の話だと、私は思います。

切ない「自己」と「死」を引き受けて生きる

それには、どうしたらいいのか。私は「自己」を開けばよいと思います。「他者」から強制されてできた「自己」が、あえてその「自己」を引き受けた上で、今度は「他者に向かって、己れを切り開く」のです。

それにはまず、何かを所有することで「自己」を支える行為を止めることです。お金だろうが、容姿だろうが、家柄だろうが、コネだろうが、他人が欲望する何らかのものをかき集めることによって、自分自身を欲望させ、それによって他者を思い通りにしようとする切ない行いを止めるのです。

大切なのは、他者と共に存在する場をつくり出すことです。それには、共に関わるべき「問題」を明らかに見ることです。

生きていれば、様々な問題が生じる。そういう問題は、常にどこでも、たった一人だけの問題ではありません。およそこの世の「人間」の問題は、必ず自分以外の誰かにも関わるものなのです。そこに葛藤も矛盾もある。それをハッキリ認めた上で、「お互いさま」の話にするのです。

誰が良い悪いの話を乗り越えて、問題そのものをどう扱うかに、お互い知恵を絞る。その「お互いさま」の場を見つけて実践するわけです。

ならば、自分が得をしたいと思わない、褒められたいと思わない、友達を作りたいと思わない、自分の思惑をすべて外して、取り組まなければなりません。

それは愉快なだけで済む話ではない。苦難も混乱も覚悟しなければならない。だから、勇気が必要です。

しかし、勇気と共に試行錯誤を繰り返しながら、その実践を続けること以外に、おそらく「相互理解」も「生きる意味」もリアルに現れないでしょう。その実践のみが、「所有」の幻想を脱して「自己」を切り開き、損得利害を超えた人間関係を生み出すでしょう。おそらくそこに、一方的に与えられた、切ない「自己」を受け容れる場所が開かれるはずです。

我々はいつか死ぬ。どうせ死ぬ。理由もわからず死ぬ。その死のために生きる——。

こんな馬鹿げた話を納得するとすれば、死ぬのは「自己」以外にないにもかかわらず、その「自己」のいるはずの場所に「他者」を見出すことができたときです。そのときにのみ、「自己」と「死」の最終的な受容が可能になるでしょう。

仏教では、究極の安らぎの境地を「ニルヴァーナ（涅槃《ねはん》）」と言います。それが実際にどういうものか、未熟な私にはわかりません。

が、この世で可能な「ニルヴァーナ」があるとすれば、それは「自己」と「死」をついに受け容れ切った、まさにそのときだと私は考えています。

あとがき

これまでに私が書いた本は、大きく分けて2種類です。

直球の仏教本というか、仏教用語をふんだんに使った理屈の多いものか、仏教用語がほとんどない、世上の問題にまで言及した、人によっては「お前のものとしては、読みやすいほう」と言ってくれるものです（「でも、難しい」）。

本書は、この両方を連絡させて、私の仏教に対する考え方を全体として描き出せればという思いからできたものです。

その意図がどのくらい果たせたのか、心許《こころもと》ない限りですが、ひとつこういう本が形になったことを、自分としてはよかったと思っています。

その上に、読者の方々にいくらかでも資するところがあれば、心よりありがたく存じます。

＊

本書は、ＫＫベストセラーズの武江浩企氏による格別の尽力と、村林千鶴氏の温情に満ちた支援がなければ、まず陽の目を見ることはありませんでした。記して深く感謝申し上げます。

平成二十九年六月　恐山にて

南　直哉

南　直哉（みなみ・じきさい）

1958年、長野県生まれ。早稲田大学第一文学部卒業後、大手百貨店勤務。1984年、曹洞宗で出家得度。同年、永平寺に入山。以後、約20年の修行生活を送る。2003年に下山。現在、福井県霊泉寺住職、青森県恐山菩提寺院代。

著書に『語る禅僧』（ちくま文庫）、『老師と少年』（新潮文庫）、『恐山―死者のいる場所』（新潮新書）、『善の根拠』（講談社現代新書）、『刺さる言葉―「恐山あれこれ日記」抄』（筑摩選書）他多数。

ベスト新書
558

「悟《さと》り」は開《ひら》けない

二〇一七年七月二十日　初版第一刷発行

著者◎南直哉《みなみじきさい》

発行者◎栗原武夫

発行所◎KKベストセラーズ
東京都豊島区南大塚二丁目二九番七号　〒170-8457
電話　03-5976-9121(代表)
http://www.kk-bestsellers.com/

装　幀◎坂川事務所
印刷所◎錦明印刷株式会社
製本所◎株式会社積信堂
DTP◎株式会社三協美術

ISBN978-4-584-12558-8 C0214